ENFANCES

ALAIN MABANCKOU

ENFANCES

Nouvelles

Écriture plurielle avec :
Ananda Devi – Florent Couao-Zotti – Éliane Kodjo
Raharimanana – Kangni Alem – Khadi Hane
Michel Cadence – Sami Tchak

Préface inédite
de Alain Mabanckou

NDZÉ

Distribution au Nord : Association Littéraire Francophone d'Afrique

ISBN : 978-2-266-17356-8

Sommaire

Préface

L'enfance, la chose la mieux partagée au monde

Chaque fois que je me demande à quand remonte ma passion pour l'écriture, je retombe dans mon enfance, à cette période où je découvrais peu à peu le bonheur de tourner les pages des livres que mon père avait ramenés de l'hôtel Victory Palace où il était réceptionniste. Il me prévenait :

« Ne touche pas à ces livres, je les garde pour mes propres lectures quand je prendrai ma retraite ! »

Je ne l'ai jamais vu lire un livre, et il n'en a lu aucun même pendant sa retraite. Je me permets de le dire ici parce qu'il n'est plus de ce monde…

J'ai donc le souvenir de ces œuvres entassées dans un coin. Il y avait des romans, des dictionnaires et quelques journaux français. Pendant des années je montai parfois sur ces ouvrages afin d'attraper la pâte d'arachide que ma mère mettait hors de ma portée au-dessus d'un vieux garde-manger. Puis j'ai appris à lire et à écrire, mais je n'étais pas encore un adulte et mon père m'interdisait toujours de toucher à sa « bibliothèque ».

Le soir, déjouant la vigilance de mes parents qui dormaient déjà, je rallumais la lampe tempête qu'ils avaient éteinte, je prenais au hasard un livre et je me frottais les yeux avant de le parcourir avec avidité. Les pages ressemblaient à des portes qui s'ouvraient, j'avais l'impression d'entrer dans une maison sans clé et sans frapper.

J'oubliais que j'étais dans une petite chambre, dans une maison en planches d'un des quartiers les plus pauvres du Congo-Brazzaville. Je murmurais les phrases, je les répétais plusieurs fois dans l'espoir de les garder au fond de moi, de m'en servir le jour où je serais une grande personne.

Lire était pour moi la plus belle de toutes les évasions. J'imaginais alors ce qui se passait dans d'autres régions, dans d'autres continents. J'étais émerveillé de constater que les mots étaient de vrais magiciens et qu'ils possédaient le pouvoir de se métamorphoser en ponts, en trains, en avions, en bateaux, en mers et en océans.

Il m'était ainsi facile de me dire que l'Europe n'était qu'à quelques battements d'ailes d'oiseaux lorsque je posais mon index sur la page du livre.

J'aurais voulu ne pas grandir – comme dans certaines histoires que je lisais, jouer du tambour, être un personnage de bande dessinée, m'exprimer à l'aide des bulles, comprendre le langage des oiseaux, discuter avec les monstres parce que ceux-ci n'ont jamais fait de mal aux enfants, ce sont les adultes qui pensent le contraire…

Je reste persuadé que nous devenons écrivains parce qu'il y a en nous cet « appel » de l'enfance, ces voix lointaines que nous n'écoutons plus lorsque nous sommes devenus des adultes, ces images fluorescentes d'une libellule qui se pose sur une fleur, ce sentiment que le temps ne s'écoule pas, que la mort nous arrache nos êtres les plus chers, et surtout cette certitude que les vieux sont nés vieux et que les enfants demeureront éternellement des enfants…

La plupart des livres qui m'ont ému jusqu'à ce jour me ramènent sans cesse à mon enfance. Je pense au *Petit Prince* de Saint-Exupéry, à *L'Enfant noir* de Camara Laye, au *Livre de ma mère* d'Albert Cohen ou encore aux *Contemplations* de Victor Hugo.

Dans cet ouvrage qui regroupe les « enfances » de plusieurs écrivains venus de différents pays, nous retrouvons cette émotion particulière qui nous habite lorsque nous évoquons un événement, un fait, une histoire ou une croyance de cette époque d'innocence.

Chaque écrivain ici nous montre à quel point l'enfance nous poursuit jusqu'à la fin de nos jours. Si les expériences sont diverses, il reste que l'enfance est la chose la mieux partagée au monde. C'est pendant cette période que s'accomplit la femme ou l'homme que nous allons devenir et même l'écrivain que nous lirons quelques décennies plus tard.

Alain Mabanckou

Alain Mabanckou

Poésie

Au jour, le jour (Maison Rhodanienne de poésie, 1993) ;

L'Usure des lendemains (Nouvelles du Sud, 1995) ; Prix Jean-Christophe de la Société des Poètes français ;

La Légende de l'errance (L'Harmattan, 1995) ;

Les arbres aussi versent des larmes (L'Harmattan, 1997) ;

Quand le coq annoncera l'aube d'un autre jour (L'Harmattan, 1999) ;

Tant que les arbres s'enracineront dans la terre (Mémoire, 2004).

Romans

Bleu-Blanc-Rouge (Présence Africaine, 1998 ; Grand Prix Littéraire de l'Afrique noire 1999) ;

Et Dieu seul sait comment je dors (Présence Africaine, 2001) ;

Les Petits-Fils nègres de Vercingétorix (Le Serpent à plumes, 2002) ;

African psycho (Le Serpent à Plumes, 2003 ; Poche Points Seuil, 2006) ;

Verre Cassé (éditions du Seuil, 2005 ; Poche Points Seuil, 2006) ; Prix du roman Ouest-France Étonnants Voyageurs 2005 ; Prix des Cinq Continents de la Francophonie 2005 ; Prix RFO du livre 2005.

Récit

L'Enterrement de ma mère (Kaléidoscope, 2000).

Alain Mabanckou

Ma Sœur-Étoile

J'avais dix ans en ce temps-là. Pendant la saison sèche, je quittais en cachette mon lit, j'ouvrais doucement la porte de notre maison et je sortais. Je n'avais plus peur des fantômes et autres créatures méchantes qui profitent de la nuit pour épouvanter les enfants.

Je m'asseyais au milieu de la cour, je levais la tête bien au-dessus de moi afin de mieux contempler le ciel parce que ma mère me disait que ma sœur habitait là-haut, au milieu des anges.

Et puis, soudain, il y avait une étoile, une toute petite étoile qui brillait plus que les autres. Je l'observais avec attention. Je la voyais se déplacer, me faire des signes, me sourire, disparaître un moment entre deux nuages avant de réapparaître. Cela m'amusait, et je souriais à mon tour. Je savais que cette étoile était ma sœur morte deux ans avant ma naissance. Je lui avais donné un petit nom : "Ma Sœur-Étoile".

Assis dans la cour, je commençais donc à parler à cette étoile, à ma sœur. Je lui donnais les nouvelles de chez nous, j'avais peur qu'elle ne soit pas au courant de tout ce qui se passait ici-bas depuis qu'elle était morte…

Ma Sœur-Étoile m'écoutait avec attention. Je lui disais que papa avait changé de moto et travaillait toujours chez les Blancs, à l'hôtel *Victory Palace*. Il ramenait à la maison des livres que les Blancs jetaient dans les poubelles de l'hôtel après les avoir lus. J'expliquais à Ma Sœur-Étoile que la dernière fois papa avait ramené un livre étrange qui m'avait fait presque pleurer : c'était *Le Petit Prince*, un tout petit livre de l'écrivain-aviateur Antoine de Saint-Exupéry.

Dans ce *Petit Prince* que j'avais lu plus de dix fois, il s'agissait de l'histoire de quelqu'un qui était perdu très loin, très loin de tout lieu peuplé. Tout à coup, ce type égaré s'était retrouvé en face d'un gamin venu de nulle part et qui lui demandait de lui dessiner un mouton ! Je ressentais de la pitié pour ce petit garçon qui n'avait sans doute jamais vu un mouton.

Un soir, j'avais d'ailleurs expliqué à Ma Sœur-Étoile que je me prenais maintenant pour ce petit garçon venu de nulle part et que je voulais aussi que quelqu'un me dessine un animal gentil, un animal comme dans le petit livre d'Antoine de Saint-Exupéry…

Et puis, une semaine après, toujours au milieu de la nuit, j'ai bien regardé avec attention le ciel. Même si toutes les étoiles semblaient se reposer dans leur lit de nuages, j'ai remarqué que Ma Sœur-Étoile s'agitait beaucoup. Elle clignotait. Elle tournait autour d'elle. Elle était donc très occupée, presque nerveuse. Ses gestes étaient pourtant précis. Je ne l'avais jamais vue dans cet état d'excitation. Et j'ai vite compris qu'elle était en train de me dessiner un mouton, un joli mouton dans le ciel, rien que pour moi.

J'ai gardé le secret. Je n'ai rien dit à mon père, même pas à ma mère et à mes camarades de classe. Je n'avais surtout pas dit à Ma Sœur-Étoile que j'avais déjà vu un mouton dans notre quartier et que j'aurais voulu qu'elle me dessine un autre animal gentil. Mais elle avait préféré reproduire le mouton du petit livre d'Antoine de Saint-Exupéry. Et je ne voulais pas la contrarier, parce que le mouton qu'elle avait dessiné me paraissait le plus gentil de tous les animaux de la Terre…

Je racontais beaucoup d'autres choses à Ma Sœur-Étoile. Une fois, je lui avais même confié que Tonton René avait acheté une maison dans le quartier Trois-Cents, vers le bar *Le Crédit a voyagé*. C'était une grande maison en dur. Il y avait une vaste terrasse, et ses amis venaient tous lui rendre visite parce que c'était un endroit magnifique. Moi je voulais bien vivre avec l'oncle René, notre maison à nous n'était pas en dur, c'était plutôt une vieille cabane en planches avec des trous sur le toit. L'eau de la pluie tombait au salon, jusque dans mon lit. Et quand il pleuvait, ma mère et mon père se réveillaient de peur que la maison entière ne soit inondée. Je dormais alors avec un imperméable. Mon père promettait de réparer le toit le lendemain, mais il oubliait et ne se rappelait que lorsque tombait une autre pluie.

« Tu avais pourtant promis de réparer la toiture ! criait ma mère alors que la pluie crépitait.

— Je le ferai demain, répondait mon père.

— C'est ce que tu avais dit il y a deux semaines !

— Oui, je le ferai demain, je te le promets. »

Et mon père n'avait jamais réparé le toit. Il avait préféré m'acheter un autre imperméable et une paire de bottes. L'eau continuait à me tomber dessus, mais j'étais désormais habitué. C'était même à ces moments-là que j'avais le plus sommeil...

À vrai dire, tonton René voulait que j'aille habiter chez lui, mais papa et maman s'opposaient à cette idée parce qu'ils ne souhaitaient pas rester tout seuls dans notre vieille maison en planches. Moi, je me voyais déjà dans la grande maison de tonton René. Je me disais que j'allais jouer avec mes cousins et que je dormirais dans une chambre dont la toiture serait en bon état. Mais papa était un homme fier. Et comme il voulait que j'arrête de rêver d'aller habiter dans la maison de mon oncle, il m'avait dit une bonne fois pour toutes :

« Je ne veux pas que tu ailles habiter chez René. Je sais que je suis pauvre. Tu veux aller vivre chez ton oncle parce qu'il est riche, parce qu'il a une grande maison ! Dans la vie, il faut se contenter de ce que nous avons. Vivre dans une vieille cabane ne veut pas dire que nous sommes pauvres du cœur ! Un jour, quand tu seras grand, tu le comprendras... »

Après plus d'une heure passée à regarder le ciel la nuit, je sentais souvent mes yeux qui s'alourdissaient. Je somnolais, et c'était la lumière que reflétait Ma Sœur-Étoile qui me réveillait. Je réalisais que j'étais resté tout ce temps au milieu de la cour. Je voulais désormais aller dormir. Je ne pouvais pas dormir sans avoir parlé de ma mère à Ma Sœur-Étoile.

Donc je lui parlais des billes que maman m'avait achetées pour mon anniversaire. Il y en avait douze, mais je les perdais. Parfois c'étaient les garçons plus âgés que moi qui me les prenaient en me menaçant. Et comme je ne voulais pas me battre parce que j'étais tout maigre et faible comme une brindille de balai, je leur laissais mes billes. Ma mère s'énervait, promettait de m'emmener chez le féticheur du quartier qui me ferait des gris-gris pour que je sois le plus fort quand ces mauvais garçons viendraient me prendre mes billes. Ce féticheur s'appelait Ya Malonga, et nous étions allés le voir un soir. Il m'avait fait manger des racines piquantes et m'avait fait porter un bracelet avec une dent de vipère. Et quand les mauvais garçons me voyaient arriver dans le quartier, ils s'enfuyaient parce qu'ils savaient qu'on ne pouvait pas vaincre quelqu'un qui portait ce genre de bracelet.

C'est depuis ce jour que je ne perdais plus mes billes…

Ma mère pensait beaucoup à ma défunte sœur. Elle se promenait avec sa photo. Ma sœur n'avait vécu qu'une semaine après sa naissance. Il paraît que les mauvais esprits du village d'où elle était née jalousaient sa beauté. Et comme tous ces sorciers venaient la nuit autour de ma sœur, ils avaient fini par jeter un mauvais sort dans la maison. Et c'est pour cela que nos ancêtres voulurent que ma sœur aille rejoindre Dieu au ciel, à côté des autres anges, pour nous protéger. C'est aussi à cause de la mort de ma sœur que mes parents avaient quitté le village de Mouyondzi pour s'installer dans la ville de Pointe-Noire.

Moi je suis né deux ans après ce malheur. Mais les sorciers du village de Mouyondzi se sont quand même vengés parce qu'ils ont jeté leurs mauvais esprits dans le ventre de ma mère. Et je n'ai plus eu de frères et de sœurs à cause de cette malédiction…

Je ne pouvais plus garder pendant longtemps le secret de mes conversations nocturnes avec Ma Sœur-Étoile. Je voulais montrer à un de mes amis que je n'étais pas un enfant unique, que j'avais une sœur qui habitait au milieu des étoiles. C'est à mon copain de classe que j'avais dit le secret. Il s'appelait Nestor. Et comme Nestor ne voulait pas me croire, je suis sorti un soir pour aller me plaindre auprès de ma sœur. J'ai dit à Ma Sœur-Étoile :

« Nestor, il est très méchant. »

Ma Sœur-Étoile m'a demandé :

« Pourquoi tu dis qu'il est méchant ? »

J'ai répondu :

« Parce qu'il s'assoit toujours au fond de la classe pour embêter les filles. Et puis, il me provoque alors que je ne lui fais rien.

— Et c'est pour ça que tu dis qu'il est méchant ?

— Il a dit aussi que je ne suis qu'un pauvre malheureux parce que je n'ai ni frère ni sœur. Et pourtant je lui ai dit la dernière fois que j'avais une sœur qui habite au ciel…

— Et qu'est-ce que ce Nestor t'a répondu ?

— Il ne me croit pas. Il a dit que je raconte des bêtises et que je ne suis qu'un petit menteur. Il a dit aussi que tu n'existes pas parce que, un soir, Nestor est sorti dans leur cour à eux et il ne t'a pas vue au ciel comme je te vois maintenant. Il m'a dit qu'il n'a vu que des étoiles que tout le monde peut voir la nuit.

— Et qu'est-ce que tu as répondu à ce Nestor, toi ?

— J'ai dit que si Ma Sœur-Étoile n'était pas apparue au ciel cette nuit-là devant lui, c'est parce qu'elle était fatiguée et dormait avec les autres anges…

— Et qu'est-ce que ce Nestor a dit ?

— Il a dit que je dois arrêter de lui raconter ces mensonges sinon il me tirera les oreilles et ira dire mon secret à l'école pendant la récréation.

— Et qu'est-ce que tu veux que je fasse pour prouver à ce Nestor que j'existe ?

— Je veux que tu ailles le voir toi-même, je veux que tu apparaisses, je veux que tu lui parles comme tu me parles maintenant…

— D'accord, tu diras à Nestor que j'apparaîtrai au-dessus de sa tête dimanche, c'est-à-dire après-demain. Il doit bien relever la tête, il me verra bouger. Tu lui diras aussi que je dessinerai pour lui un petit mouton comme dans le livre de Saint-Exupéry… »

Nestor ne m'avait pas cru lorsque je lui avais rapporté ma conversation avec Ma Sœur-Étoile. Il avait ri pendant longtemps avant de me dire :

« Je crois que tu es cinglé ! Tu n'as pas de sœur ! Ta sœur est morte, elle est morte depuis !

— Elle n'est pas morte, je te jure, Nestor, tu la verras dimanche soir. Relève bien ta tête, elle dessinera un mouton, un mouton pour toi, comme dans le livre de Saint-Exupéry... »

Le dimanche soir, Nestor est tout de même sorti de sa chambre. Il a regardé vers le ciel. Tout était sombre. Aucune étoile. Et puis, lorsqu'il a bien relevé la tête au-dessus de lui, il a vu les nuages sombres s'éclaircir, s'écarter. Une toute petite étoile clignotait. Elle était seule, car elle ne voulait pas être gênée par les autres étoiles. C'était la meilleure façon de convaincre Nestor. L'étoile s'agitait, tournait autour d'elle-même. Depuis notre maison, je la voyais aussi.

Nestor fixait le ciel avec beaucoup d'attention. Et il a découvert le petit mouton blanc que dessinait Ma Sœur-Étoile. Ce mouton était encore plus beau que celui qu'elle m'avait dessiné la dernière fois. En plus il remuait la queue et les oreilles. L'animal a sautillé quelques minutes avant de disparaître pour de bon à l'intérieur de la lune qui venait d'apparaître et de dévoiler les autres étoiles un peu jalouses de ma sœur...

Nestor est venu s'asseoir près de moi le lundi en classe. Et il m'a murmuré à l'oreille :

« J'ai vu ta sœur hier soir... Elle m'a dessiné un mouton tout blanc... »

Moi j'ai souri parce que Nestor devenait maintenant mon meilleur ami.

Quelques jours plus tard, il est revenu vers moi, l'air triste. Il m'a dit de le suivre vers la cour de récréation.

« Que se passe-t-il, Nestor ? »

Il a baissé les yeux avant de me confier :

« Je cherche moi aussi à voir mon petit-frère. Il est mort l'année dernière, mais je ne le vois pas au ciel parmi les étoiles. C'est injuste ! »

Je l'ai pris par l'épaule pour le consoler. Je lui ai dit :

« Il faut un peu attendre. Ton frère t'apparaîtra un jour ou l'autre. Pour l'instant il apprend encore comment les choses se passent là-haut. Mais demain je te promets que je dirai à Ma Sœur-Étoile d'aller à la recherche de ton frère. Tu verras, ils apparaîtront bientôt tous les deux devant nous… »

Ananda Devi

Poésie :

Rue de la Poudrière (Nouvelles Éditions Africaines, 1989) ;
Les Chemins du long désir (Grand Océan, 2000) ;
Le Long Désir (Gallimard, 2003).

Romans

Le Voile de Draupadi (L'Harmattan, 1993) ;
L'Arbre Fouet (L'Harmattan, 1997) ;
Moi, l'interdite (Éditions Dapper, 2000 ; prix Radio France de l'Océan Indien, 2001) ;
Pagli (Gallimard, 2001) ;
Soupir (Gallimard, 2002) ;
La Vie de Joséphin le fou (Gallimard, 2003) ;
Ève de ses décombres (Gallimard, 2006).

Nouvelles

Solstices (Regent Press, 1977 ; nouvelle édition, Éditions Le Printemps, 1997) ;
Le Poids des êtres (Éditions de l'Océan Indien, 1987) ;
La Fin des pierres et des âges (Éditions de l'Océan Indien, 1993).

Ananda Devi

L'ENFANT DU BANIAN

C'est la vérité : je suis né dans un banian.

Le banian, c'est un grand arbre dont les racines descendent comme des lianes vivantes depuis ses branches. Quand elles touchent terre, elles forment de nouveaux troncs. Plus l'arbre devient vieux, plus il s'élargit. Quand il est très ancien, il est comme une forêt à lui tout seul. À l'intérieur de ses troncs, il y a un vaste espace : c'est là que je suis né.

Ma mère était allée dans la forêt pour ramasser du bois quand j'ai décidé de naître. Comme elle était trop loin du village pour rentrer, elle s'est cachée dans un banian pour se protéger des bêtes sauvages. Le grand arbre avait l'air de l'envelopper de ses bras, et les feuilles faisaient un bruit de cascade, très doux. Rassurée, elle s'est couchée et elle a attendu que le bébé arrive. Mais, au lieu d'un bébé, il en est venu deux, des jumeaux : mon frère et moi. Fatiguée par notre naissance, bercée par les sons de l'arbre, ma mère s'est endormie auprès de nous.

Mais quand elle s'est réveillée, il n'y avait plus qu'un seul bébé. L'autre avait disparu. Elle l'a cherché longtemps, comme une folle. Elle l'a appelé, comme s'il pouvait lui répondre. Elle s'est enfoncée dans la forêt, elle a regardé dans les buissons, elle a cherché sous les fourrés. Finalement, elle a compris que le bébé était perdu, sans doute emporté par un animal pendant qu'elle dormait.

À la nuit tombée, elle a pris le fils qu'il lui restait et elle est rentrée au village. Toute la famille était folle de joie de les voir arriver. Mais ma mère, elle, pleurait : dans ses bras, il n'y avait plus qu'un seul enfant.

Ce bébé perdu, c'était moi.

Ma mère pleurait chaque jour depuis son retour au village, parce qu'elle pensait que j'étais mort.

Mais je n'étais pas mort.

À l'intérieur du banian vivait une chienne sauvage. Personne ne savait comment elle était arrivée là, ni depuis combien de temps elle y habitait. Mais elle avait fait du banian son domaine, son territoire. Le jour où je suis né, elle était allée à la chasse. Quand elle est revenue, elle a vu ma mère endormie dans le banian et elle a commencé à gronder, mais, au même moment, je me suis mis à pleurer. Alors, parce qu'elle aussi allait bientôt avoir des chiots, elle m'a pris doucement par la peau du cou et m'a emporté dans les profondeurs de la forêt, dont elle connaissait tous les recoins.

Quand ma mère est partie, la chienne m'a ramené dans le banian. Cette nuit-là, elle aussi a eu ses petits. Il y en avait quatre. La chienne nous a tous fait boire son lait. Les quatre chiots sont devenus mes frères, et la chienne est devenue ma mère.

Bien sûr, je n'étais pas du tout pareil à mes frères. D'abord, je n'étais pas très poilu, sauf une petite touffe au milieu de la tête. Ensuite, je restais sur le dos, et eux, sur le ventre. Très vite, ils se sont redressés sur leurs pattes, mais moi je restais là, je pouvais juste agiter mes bras et mes jambes et pleurer. Mon corps était fragile et ma peau se blessait facilement. Les chiots ont vite réussi à marcher, mais moi, les semaines passaient et je ne pouvais toujours pas bouger tout seul. Ma mère a pensé que j'étais malade, que j'étais le plus faible de la portée. Elle a continué de s'occuper de moi. Mes frères, même s'ils me taquinaient comme tous les frères, ne m'ont pas repoussé. Ma mère a compris que j'avais encore besoin de son lait et que je ne pouvais rien manger de dur parce que je n'avais pas de dents. Elle me laissait sous le banian pour aller chasser, elle apportait de la nourriture pour les chiots, et moi je l'attendais, en regardant le soleil qui jouait avec les feuilles de l'arbre comme des perles d'or.

Au bout de quelques mois, j'ai commencé à me développer. J'ai pu marcher à quatre pattes. Les chiots étaient déjà grands et forts. Ils pouvaient courir, mordre, jouer, sauter, s'attaquer aux petits animaux. Moi, j'étais lourd et maladroit. Je ne pouvais pas courir. Je les suivais en faisant quelques pas, mais ils me laissaient vite en arrière. Resté seul, je pleurais. Ma mère revenait me chercher et me ramenait jusqu'au banian.

J'ai appris à faire les mêmes sons qu'eux, à parler par des grognements, des plaintes, de petits aboiements, des grondements. On se comprenait comme les hommes se comprennent quand ils parlent le même langage. Quand je pleurais, c'était autre chose : je criais si fort que ma mère aboyait et devait me pousser de son museau pour m'empêcher de crier. Elle avait peur que les hommes m'entendent. Elle ne voulait pas me perdre. Quand j'étais content, je grognais exactement comme mes frères. On jouait souvent ensemble. Notre jeu préféré, c'était de se rouler par terre, dans les feuilles mortes, sur les brindilles. Ils me mordaient un peu, mais pas pour me faire mal. Je les mordais aussi, mais comme je n'avais pas de dents, ça ne faisait que les chatouiller. Quand la pluie était tombée, on aimait se rouler dans la boue. On s'amusait comme des fous, mais en voyant nos pelages crottés, notre mère nous grondait et nous amenait tous jusqu'à la rivière pour nous nettoyer. La première fois qu'elle m'a mis dans l'eau, j'ai avalé de l'eau et j'ai commencé à étouffer. Mes frères, eux, nageaient bien, ils n'avaient pas peur. Mais bientôt, moi aussi j'ai su nager. Après cela, on allait tout seuls jusqu'à la rivière, sauf que mes frères savaient que quand le courant m'emportait, je ne savais pas revenir. Ils se mettaient tous les quatre autour de moi pour m'empêcher d'être emporté.

Quand j'ai commencé à avoir des dents, j'ai pu manger des insectes et des feuilles. Je n'aimais pas les feuilles, mais je mangeais tout ce que je trouvais. J'avais toujours faim. Des insectes, il y en avait plein, sous le banian. Je n'avais pas besoin d'aller loin. Je n'avais qu'à fouiller la terre sous une racine pour trouver des vers, des termites, des chenilles. Je les fourrais dans ma bouche et les mâchais avec mes quatre dents. Un jour, j'ai poursuivi un mille-pattes qui grimpait dans l'arbre. J'ai réussi à me mettre debout pour l'attraper. Je me suis retrouvé sur mes deux jambes, et j'ai vu que je n'avais pas besoin de me tenir à l'arbre pour rester debout. Je me suis senti bizarre, parce que ni ma mère, ni mes frères ne se tenaient dans cette position. J'ai eu une sorte de vertige, de bouffée d'orgueil. J'ai fait quelques pas et j'ai vu que je pouvais marcher comme ça, et que mes mains étaient libres d'attraper des choses.

Mais, quand ma mère est revenue, elle m'a vue debout et elle a été très en colère. Elle m'a poussé si fort du museau que je suis tombé sur le derrière. J'ai commencé à pleurer, mais elle m'a encore poussé jusqu'à ce que je me retrouve à quatre pattes. Après, chaque fois que j'essayais de me mettre debout, elle me mordait pour m'apprendre que c'était interdit. J'ai très vite compris, croyez-moi ! J'ai appris à me déplacer uniquement à quatre pattes. Je crois que je me suis développé plus vite que les bébés humains parce que j'étais obligé de suivre mes frères, d'apprendre à me nourrir moi-même, et surtout à me défendre.

Dans la forêt, il y avait beaucoup d'animaux qui étaient nos ennemis. Ma mère avait des cachettes un peu partout parce qu'elle n'était pas la plus forte, même si nous on croyait qu'elle était plus forte que tous les ennemis. Les serpents, par exemple, cherchaient toujours à dévorer les petits. Dès que ma mère flairait un serpent, elle poussait un aboiement spécial, et nous nous précipitions tous auprès d'elle. Si le serpent entrait dans notre tanière, tout le monde se mettait à gronder très fort et à l'attaquer avec ses crocs et ses pattes. Enfin, moi, je faisais semblant. En réalité, j'avais très peur et je me cachais derrière mes frères. Je savais d'instinct que mes petites pattes ne feraient pas de mal au serpent, et qu'il pourrait m'étouffer ou me mordre en un clin d'œil. Mais ma mère et mes frères étaient si féroces que le serpent prenait la fuite ou finissait par mourir sous leurs morsures.

Les singes, eux, ne s'attaquaient pas aux chiens, normalement. Mais une fois, ils m'ont vu dans le banian, et ils ont trouvé ma présence très inquiétante. Ils ont fait des bruits furieux, des gestes menaçants de la main, ils me montraient les uns aux autres, ils ont fait mine de s'attaquer à moi. Là aussi, ma mère et mes frères sont intervenus pour les faire déguerpir. Ma mère a bondi si haut qu'elle a réussi à mordre un singe au derrière juste au moment où il fuyait en grimpant à l'arbre, et il a poussé un hurlement déchirant avant de disparaître en saignant. Quand ma mère et mes frères sont revenus vers moi, j'ai vu qu'ils riaient. Je suis monté sur le dos de ma mère et on a fait une belle promenade dans la forêt, pour nous remettre de nos émotions. Le vent était tiède, les parfums de la forêt semblaient se multiplier rien que pour nous.

Le banian était un petit monde dans le grand monde de la forêt. On pouvait voir tout ce qui se passait dehors, mais personne ne pouvait nous voir. Ma mère était particulièrement vigilante à propos des hommes. Au début, quand des hommes s'approchaient, elle nous mettait tous à l'abri. Puis, lorsque les chiots ont appris à se débrouiller par eux-mêmes, c'est moi seul qu'elle mettait à l'abri. Son sixième sens était tel que, bien avant que j'entende ou flaire quoi que ce soit, elle savait qu'ils venaient. Elle me ramenait aussitôt à l'intérieur du banian, elle se postait devant un trou d'observation, et elle surveillait le passage des hommes. Je la regardais avec une grande attention. Je voyais ses poils hérissés, ses flancs battant de nervosité, ses crocs visibles. Je n'avais pas peur quand elle était là. Je savais qu'elle me défendrait.

Un jour, pourtant, le bruit des hommes – et ils étaient bruyants, c'est sûr, comme s'ils faisaient exprès de déranger toute la forêt quand ils marchaient – ne s'est pas éloigné comme d'habitude dans la direction de la rivière. En général, le banian ne les intéressait pas. Ce jour-là, je ne sais pas pourquoi, peut-être qu'ils avaient entendu quelque chose, ils se sont approchés du banian. Ma mère s'est raidie de menace. Elle les voyait venir vers nous, avec leurs instruments dans la main. Toutes les créatures de la forêt savent que les hommes sont dangereux, et que leurs instruments peuvent couper les branches d'arbre aussi bien que les animaux. Nous avons tous vu des animaux tués par les hommes, ou d'autres tombés dans un piège installé par les hommes.

J'ai senti leur présence, leur odeur. Cette odeur a eu un effet bizarre sur moi. J'ai eu l'impression que je la reconnaissais. J'ai eu l'impression que ce n'était pas un ennemi qui était là. J'ai ouvert la bouche pour rire, ou grogner, je ne sais pas, mais ma mère m'a donné un grand coup de patte pour me faire taire. J'ai vu la colère dans ses yeux dorés quand elle m'a regardé, et je n'ai pas crié. Puis, quand elle a vu que les hommes avaient l'intention de regarder à l'intérieur du banian, elle m'a poussé tout au fond, derrière les branchages, et elle est sortie en aboyant et en grondant très fort. Elle avait vraiment l'air sauvage et dangereuse.

Les hommes ont été tellement surpris qu'ils se sont sauvés. Mais l'un d'eux a réussi à donner un coup de l'instrument à ma mère. Elle n'est pas rentrée tout de suite. Elle a attendu de voir s'ils étaient bien partis. Mais après, quand elle est revenue, elle s'est mise à lécher sa blessure, car elle saignait. Elle a mis du temps à guérir, et après cela, elle a détesté encore plus les hommes.

Plus tard, mes frères sont partis, chercher d'autres territoires ou des compagnes, je l'ignore. Je suis resté avec ma mère. Elle devenait vieille, mais je ne le savais pas. Je crois qu'elle était contente que je sois là. Elle continuait de me caresser comme si j'étais un petit chiot, alors que mes frères étaient déjà grands. Moi, je devenais de plus en plus débrouillard, je pouvais courir vite à quatre pattes, je pouvais grimper aux arbres, je pouvais me nourrir tout seul et je faisais peur aux autres animaux – seulement les plus petits que moi, bien sûr !

Et puis les hommes sont revenus. Ce n'étaient pas les mêmes, ils avaient une odeur différente. Mais ils venaient vers le banian comme s'ils savaient que j'étais là. Ma mère n'était pas là. Elle était partie chasser, et je ne l'avais pas accompagnée. Quand j'ai vu par le trou que les hommes arrivaient droit vers moi, j'ai commencé à gronder comme elle. Mais ils ont paru surpris de m'entendre, et ils ont avancé plus vite. Ils ont écarté les racines du banian avec leurs instruments de mort. Et là, ils m'ont vu. J'avais reculé jusqu'au fond du banian, je m'étais raidi, je grondais comme j'avais vu ma mère le faire, en montrant les dents. Mais eux, ils ont ri ! Ils sont entrés dans le banian en parlant très fort, je ne comprenais pas leur langue, mais encore une fois, leur odeur ne m'a pas paru déplaisante. Je me suis quand même bien battu, je les ai mordus et je les ai griffés, mais ils étaient plus grands et plus forts que moi. Ils m'ont attrapé et ils m'ont maîtrisé. Et puis l'un d'eux m'a mis sur son épaule et ils m'ont emmené.

Quand nous sommes arrivés au village, ils ont appelé tout le monde. Ils m'ont posé par terre, et une quantité de gens m'ont entouré. Je tremblais de peur, je n'osais pas les regarder. Je me demandais s'ils allaient me manger. Ensuite, il y a eu un grand cri et une femme s'est précipitée sur moi, je croyais qu'elle allait me frapper, mais j'ai senti son odeur et c'était comme si quelque chose se réveillait en moi, et j'ai senti une humidité sur mes joues, j'ai pleuré, même si depuis longtemps je n'avais pas versé de larmes, car un chien, ça ne pleure pas comme un homme.

Elle m'a caressé, elle riait et elle pleurait, et j'ai senti qu'elle me voulait du bien. Elle a appelé quelqu'un. Un petit est arrivé. Il s'est approché craintivement de moi. Il m'a regardé. Je ne voyais pas qu'il me ressemblait, parce que je ne connaissais pas mon visage. Mais c'était mon frère, et la femme était ma mère.

J'ai appris à vivre parmi les hommes. Je suis resté sauvage, mais ils m'ont apprivoisé. Mon frère, surtout, m'a aidé. On n'a pas besoin de se parler pour se comprendre. Il a pu m'expliquer beaucoup de choses. Sans lui, je n'aurais pas pu vivre ici, ni appris à parler comme les hommes.

Mais le banian me manque, et ma mère – ma mère adoptive, je veux dire – me manque. Tous les soirs, je l'appelle. Je ne sais pas si elle m'entend, mais je sens qu'elle est triste et qu'elle m'appelle aussi. Je ne peux plus manger. J'ai trop mal. Depuis quelques jours, je suis si faible que je reste couché sans rien faire.

Je suis allongé par terre, dans un coin de la case. J'ai chaud. Je transpire beaucoup.

Mon frère est agenouillé près de moi. Il me caresse le front. Il sent que j'ai du mal à respirer, il sait que je suis très malade. Ses yeux sont tristes.

« Tu vas guérir, ne t'en fais pas, dit-il.

— Je ne sais pas.

— Tu es toujours malheureux ?

— Oui, excuse-moi.

— Ce n'est pas ta faute. »

Je regarde par la porte de la case. J'ai l'impression que si je plisse les yeux et me concentre bien, je verrai le banian, mon banian. Si je ferme les yeux, j'ai l'impression que je m'y retrouve. Mais ça fait longtemps que je n'y suis pas retourné.

« Tu as envie de la voir, me dit mon frère.

— Oui. »

Il me fait un signe et il sort. Je ferme les yeux et j'essaie de dormir, mais quand je dors, je fais de drôles de rêves, je ne sais plus si je suis un petit d'homme ou de chien. La nuit passe doucement. La lune monte dans le ciel. Le village est calme. Tout le monde dort.

Après plusieurs heures, mon frère revient dans la case. Il met le doigt sur sa bouche pour me dire de rester tranquille. Puis il m'aide à me lever. Il me fait marcher jusqu'au bout du village, là où la forêt commence. Et là, je la sens. Derrière les arbres, derrière les fourrés et les buissons, bien cachée parce qu'elle n'aime pas les hommes, je sais que ma mère est là.

Je cours vers elle. Elle me regarde d'un air méfiant. Elle me voit debout sur mes pattes arrière. Elle sent l'odeur étrangère des vêtements, de la nourriture que je mange, de la propreté de mon corps. Mais elle me sent aussi, au-dessous de tout cela. Elle sait que c'est moi. Ma mère ne peut pas ne pas me reconnaître. En même temps, nous courons l'un vers l'autre. Nous nous léchons, nous nous caressons, nous nous mordons gentiment. Je la retrouve, celle qui s'est occupée de moi tout ce temps, celle qui a fait de moi son fils. Cette fois-ci, je pleure d'être de nouveau avec elle. Je pleure de joie, et cela m'étonne de voir que ses yeux, à elle aussi, sont humides. Les chiens savent-ils pleurer ?

Après un long moment, elle me tire doucement vers la forêt. Elle fait quelques pas, m'attend, puis revient, me pousse du museau, me dit « rentrons chez nous ».

Je me retourne et je regarde mon frère, qui attend et qui ne dit rien.

Je ne sais pas ce que je dois faire. L'autre mère, elle l'a, lui. Celle-ci, la mienne, n'a plus personne depuis que je suis parti.

« Tu viendras me voir ? je lui demande.

— Oui, dit-il, je saurai te retrouver. Mais cachez-vous bien.

— Explique à notre mère.

— Elle comprendra. »

Alors, je me retourne et je me mets à courir à côté de ma mère. Je me suis retrouvé tout naturellement à quatre pattes. Je cours presque aussi vite qu'elle. De plus en plus vite, tandis que j'entends l'appel du banian, ma maison, mon monde.

Florent Couao-Zotti

Théâtre

Ce Soleil où j'ai toujours soif (L'Harmattan, 1995) ;
La Diseuse de mal-espérance (Éditions Ndzé, 2001) ;
Instincts primaires, combats secondaires (Lansman, 2001) ;
Certifié sincère (Éditions Ruisseaux d'Afrique, 2004) ;
Le Collectionneur de vierges (Éditions Ndzé, 2004).

Romans

Notre pain de chaque nuit (Le Serpent à plumes, 1998) ;
Charly en guerre (Dapper, 2001) ;
Le Cantique des cannibales (Le Serpent à plumes, 2004) ;
Les Fantômes du Brésil (Ubu Éditions, 2006).
La Petite Fille des eaux (Éditions Ndzé, 2006).

Nouvelles

Ci-gît ma passion, in *La Case* (Éditions Ndzé, 1998) ;
L'Homme dit fou et la mauvaise foi des hommes (Le Serpent à plumes, 2000) ;

Présumée sorcière, in *Je suis vraiment de bonne foi* (Éditions Ndzé, 2001) ;
Retour de tombe (Joca Seria, 2004) ;
Le Préservatif de l'éléphant, in *Le Huitième Péché* (Éditions Ndzé, 2006).

Florent Couao-Zotti

L'ENFANT AUX PIEDS ROUGES

Pobè.

La terre rouge. La poussière rouge. Le ciel rouge.

J'avais toujours l'impression que Pobè, depuis qu'il existe, avait été cerné par la couleur rouge comme ailleurs le ciel et la terre sont faits de gris ou de chocolat…

Devant notre maison, la route filait comme une flèche et allait mourir au pied d'un baobab. Un baobab, un grand arbre au tronc robuste comme dix gaillards réunis, avec des branches qui tendaient leurs feuilles vertes dans le ciel rouge. Cet arbre représentait le cœur du village. C'est sous lui que s'organisaient les plus grandes cérémonies liées à la tradition ; c'est sous lui que se jouaient les tam-tams les plus prestigieux. C'est sous lui que se délivraient les bénédictions des grands chefs coutumiers du village.

En ce temps-là, nous aimions gambader le long de la route, les pieds nus, semblables à tous les enfants du quartier qui nous traitaient, mon grand frère, mes cousins et moi, d'« enfants d'*Oyimbo*[1] », parce que nous portions tout le temps des chaussures. Pour qu'on échappe à ces insultes, il fallait que nos pieds soient couverts de gerçures, que nos jambes soient nues, que nos ventres soient rebondis ; bref, que nous soyons sales, *kpotou kpotou*, comme des enfants du village, rieurs, coureurs et chieurs. C'est pour cette raison que nous allions nous saupoudrer de terre rouge, de la tête aux pieds, en nous roulant dans la poussière comme de vrais gavroches. Bien sûr, c'était loin du regard de maman, quand elle s'absentait toute la journée pour le service, c'est-à-dire quand elle se rendait à l'hôpital maternité de Pobè. Car elle était sage-femme.

Sales et heureux, fiers de ressembler à la terre rouge du village, nous prenions alors d'assaut les rues, à l'heure où le soleil commençait à dorer le ciel, à l'heure où le grand marché commençait à peine à s'animer.

C'était cousin Prosper qui menait la troupe. Il connaissait par le menu les ruelles les plus secrètes du village. Avec lui, le jeudi, jour de repos pour les élèves et les écoliers, avait le goût d'aventures extraordinaires. Il nous avait dit ce matin-là que les *eguns eguns* allaient sortir.

Les *eguns*, ce sont les revenants. Des morts qui, du retour de leur séjour, viennent rendre visite à nous, les humains. Ils ont le corps toujours couvert de beaux habits et le visage masqué de petites perles. Difficile de les identifier. D'ailleurs, où a-t-on, sous quels cieux a-t-on déjà vu et reconnu un mort ? Si les *eguns* se manifestent périodiquement en public, c'est qu'ils veu-

1. *Oyimbo* : le Blanc.

lent dire à nous autres, vivants, de continuer de veiller sur eux et de ne jamais cesser de les honorer. Ce sont des êtres sacrés, des *voduns*, que les gens vénèrent parce qu'ils ont, paraît-il, des pouvoirs puissants.

Quand les *eguns* sortent, c'est la fête partout. Généralement, ils apparaissent à plusieurs, à quatre, à six et même parfois à vingt. Avec leurs adeptes et une foule de curieux et d'admirateurs, ils font le tour du village, dansant aux sons d'un orchestre de joueurs de tam-tam aux mains habiles. À la fin de leur parade, ils s'installent sur la grande place du village, sous le grand baobab. Alors, ils peuvent donner libre cours à leurs fantaisies. À travers des démonstrations de force : danses spectaculaires, figures acrobatiques, prouesses magiques.

On imagine que la sortie des *eguns* est un événement. Pour nous qui guettions les spectacles de rue, qui recherchions des sujets d'amusement et des moments de grandes récréations, une telle manifestation était toujours la bienvenue.

Ce matin-là, cousin Prosper avait su que les *eguns* allaient égayer l'ambiance du village. Il l'avait su, très tôt, avant même l'aube, car le bruit des tam-tams annonciateurs de l'événement avait résonné depuis trois heures du matin. Et les lève-tôt, comme lui, l'avaient entendu.

« Foyan, m'avait-il dit, on sera gâtés pour aujourd'hui. L'*egun* sera sur la place. Il faut qu'on y aille. »

Da Alici, celle qui s'occupe de nous quand maman est à la garde, n'était pas là. Le matin, avant même que le soleil ne sorte de son lit, elle avait allumé le grand foyer de la cuisine, avait mijoté un bouillon de haricots accompagné de friture, comme elle savait bien le faire, avait tout emballé dans un bol fleuri, puis avait pris la direction du marché. On chuchotait dans le quartier qu'elle était amoureuse d'un meunier, un homme aux incisives de sagaie, toujours poudré de blanc, mais gentil comme un âne. Voulait-elle célébrer avec lui une fête : anniversaire, baptême, cérémonie familiale ou autre ?

Avant de s'en aller, elle nous avait chauffé de l'eau pour le café au lait du petit déjeuner, puis avait apprêté la tartine avec du pain Sokhol. J'avais à peine fini de me servir quand cousin Prosper m'avait appelé.

« Tu es prêt ? m'avait-il demandé.

— Oui, dis-je, mais…

— Mais quoi ?

— On a composition demain. Maman ne comprendrait pas pourquoi je suis sorti.

— On reviendra vite, je te promets.

— Quand ?

— Je ne sais pas. À l'heure que tu veux. Bon, assez parlé. Tu viens ou tu ne viens pas ? »

J'ai dévalé les escaliers qui conduisaient à la petite cour. J'ai sauté les marches comme si j'allais prendre en bas un trésor qui m'était destiné. Notre maison était une grande concession où se dressaient trois appartements : deux, occupés par mon oncle, ses épouses et ses enfants ; un, occupé par ma mère et nous autres, ses trois enfants.

À l'arrière de la maison, il y avait un vaste espace destiné à nos jeux, puis, à l'entrée, juste après le portail, une petite cour allongée qui finissait au pied de notre appartement. C'est là que j'ai rejoint Prosper.

« On sera combien à y aller ? lui demandai-je.

— J'en sais rien.

— Et Viky, Koba, Kèkè, Romain, Anna ?

— Tu veux compliquer les choses ? Je te dis qu'on ira vite et qu'on reviendra vite. Attendre les autres risque de nous retarder.
— D'accord.
— Dis, tu peux me faire aussi une tartine ? Faut me mettre beaucoup de lait. J'aime ça. »

Ma main était accrochée à celle de Prosper. Elle s'était accrochée à lui comme de la colle forte, celle qui résiste à tout et même à une décharge électrique. Mon cousin m'avait emmené vers le couvent du *egun*, au cœur de la forêt, à un endroit où même les grandes personnes se risquaient rarement.

Après avoir quitté le village, nous nous étions engagés sur un sentier à travers la nature puis, une longue chaîne d'arbres aux feuillages ombrageux nous était apparue. Ici, j'entendis pour la première fois des cris d'oiseaux étranges. C'étaient des sons tristes que le silence de la forêt rendait encore plus inquiétants.
« Je veux retourner à la maison, dis-je à Prosper.
— Attends, Foyan. On n'a encore rien vu.
— J'ai peur.
— Tu n'as pas à avoir peur. Il suffit que tu aies confiance en moi. Je suis déjà venu plusieurs fois ici. »
Les tam-tams, qu'on entendait depuis le matin et qui s'étaient interrompus peu après qu'on eut quitté la maison, s'étaient remis à battre. Cette fois-ci avec force. Soudain, un cri. Long, étiré, comparable au hurlement de quelqu'un qu'on étrangle. Un mouvement

de pas précipités s'ensuivit. C'était des gens qui couraient à vive allure et qui venaient dans notre direction.

Prosper fit brusquement un écart sur la droite en m'entraînant à sa suite. Nous nous retrouvâmes derrière un bouquet d'herbes hautes avec un arbuste dont les branches descendaient jusqu'au sol. Il était temps. Car, au même moment, nous vîmes sortir du buisson un jeune garçon poursuivi par des hommes. Il courait comme un fou, faisait des zigzags sur son parcours. Il voulut sauter la racine d'un arbre sortie de terre et qui était en travers du sentier mais sa jambe ne s'éleva pas suffisamment. Il heurta la pointe de la racine. Violemment. Le déséquilibre fut immédiat. Son corps bascula en avant et lui-même tomba, face contre terre.

Aussitôt, ses poursuivants – trois hommes – se jetèrent sur lui. On le plaqua au sol, on entortilla ses deux bras qu'on retourna dans son dos. Essoufflé, le jeune garçon ne pouvait rien dire. Il ne pouvait même pas bouger. Il se contenta de respirer bruyamment, comme s'il voulait cracher ses poumons. Les trois hommes ne le firent pas se lever tout de suite. Ils voulaient d'abord le faire parler, lui faire subir un interrogatoire.

Nous n'étions pas loin, Prosper et moi. À peine trois mètres nous séparaient d'eux. Dans ma poitrine, mon cœur battait à tout rompre. Je me demandais avec inquiétude qui étaient ces hommes, ce qu'ils voulaient faire du jeune malheureux, pourquoi l'avaient-ils poursuivi de cette manière. Je les sentais furieux. Rien qu'à voir leurs yeux rouges, leurs nez qui battaient sans arrêt, leurs lèvres qui se tordaient comme de l'élastique, on devinait qu'ils en avaient après lui.

Je me retournai vers Prosper. Son visage paraissait calme. Ou alors il faisait semblant de ne pas laisser transparaître la grande peur qui l'animait. Il me fit des clins d'œil pour me rassurer, mais ma respiration devenait plus courte. Je sentais, à mesure que les choses évoluaient, qu'il allait se passer quelque chose de terrible.

Les trois hommes n'étaient habillés qu'à moitié. Ils avaient le torse nu, l'un en pagne – le plus vieux – les deux autres en culottes courtes.

« Ainsi, tu voulais t'enfuir ? lui lança quelqu'un.

— Pitié, fit le jeune garçon dans un souffle. Laissez-moi partir.

— Te laisser partir ? Oublie ça tout de suite. Tous ceux qui viennent ici ne repartent jamais comme ils sont arrivés. Faut que tu subisses la punition des curieux qui veulent découvrir le *awo*[1]. On ne vient pas dans le couvent des *eguns* sans qu'on soit initié. Quand on viole cet interdit, on en subit les conséquences. Il en sera ainsi pour les gens de ton espèce. »

Ils le firent aussitôt se lever. Le jeune garçon dégoulinait. Du front jusqu'aux orteils, la sueur coulait de son corps comme s'il avait été arrosé par l'eau de pluie. Il portait un pantalon en cotonnade imprimée et un tee-shirt blanc sur lequel, curieusement, avait été écrit « N'aie pas peur du monde, enfant ». Son visage, que je n'avais aperçu que partiellement, s'offrait maintenant à mon regard. Un visage poupin marqué par de vilaines balafres qui partaient des lèvres et s'ouvraient, comme des moustaches de chat, vers les oreilles.

1. *Awo* : secrets liés à un couvent.

C'était un yorouba. Il avait un long cou interminable que supportaient des épaules larges. Je ressentis des frissons me traverser la chair.

Ce malheureux ne m'était pas inconnu. C'était Mouyinou, grand frère d'un camarade de classe. Il était en avance de deux classes sur nous et, à la récréation, venait nous voir, son frère et moi, pour nous distribuer des friandises. Django était son nom de guerre. Comme le héros des films westerns que nous adorions à l'époque, il disait être sur terre pour combattre l'injustice.

Mais que venait-il faire là ? Aurait-il parié avec ses camarades ? Parié qu'il pouvait aller voir de près le couvent des *eguns eguns* ?

Le plus vieux des trois hommes le prit par les cheveux. Mouyinou avait « cotisé » ses cheveux comme le faisaient, à l'époque, les Noirs américains. C'était un « afro » qu'il avait patiemment réussi à se confectionner, à coups de petites tresses les jours de repos.

L'homme saisit une touffe au milieu de son crâne. J'eus l'impression que ses cheveux se détachaient de sa tête. Mouyinou hurla. De sa culotte déjà mouillée, s'écoula un trait d'urine qui suivit les lignes de son pied gauche. De l'entrejambe jusqu'aux orteils. Jamais, je ne l'avais vu si malheureux, si perdu.

L'homme pointa du doigt cette urine chaude à l'attention de ses compagnons. Tous éclatèrent de rire, montrant le fond de leur gorge comme des singes rassasiés qui se moquent d'une femme enceinte.

« T'es même pas courageux et tu veux voir le *awo* », lui lança quelqu'un.

Et tout à coup, le vieil homme se tut. Ses oreilles se dressèrent. Un bruit venait d'attirer son attention. Il lâcha les cheveux de Mouyinou et se tourna vers notre cachette. De la démarche de quelqu'un qui a avalé un verre de trop, il marqua trois pas en direction du talus derrière lequel nous nous trouvions. Son long bras se posa sur les branchages de l'arbre qui nous couvraient, puis les écarta. C'est là que nous fûmes découverts, Prosper et moi. Découverts. Et démasqués.

Les yeux de l'homme, déjà rouges, semblaient cracher du feu. J'eus tellement peur que, sur-le-champ, je ne pus faire un seul geste, ni dire un mot. J'avais l'impression que la tête de l'homme s'était multipliée par dix et que ses lèvres avaient doublé de volume. Un monstre ? Ou était-ce juste une hallucination ? Je m'agrippais à cousin Prosper. Mais lui non plus ne savait plus à quoi s'accrocher. Je me sentais perdu. Nous nous sentions perdus. Mes yeux battaient sans arrêt. Je plongeai alors dans le noir. Évanoui.

Quand je me réveillai, le soleil avait, semble-t-il, cessé d'exister. Le ciel était tapi de feuilles d'arbres qui se succédaient au-dessus de ma tête. Je battis de l'œil et fis, de mes yeux, le tour de l'endroit où j'étais.

C'était un enclos fait de branches de palmier tressées. Un grand cercle avec une ouverture qui tenait lieu de porte et qui nous faisait face. Mais c'était une porte sans battant.

À côté de moi, il y avait Prosper et Mouyinou. Ils étaient assis à même le sol, les mains attachées dans le dos, les pieds liés. Lentement, je roulai sur le côté, m'appuyai contre le dos de mon cousin et m'assis. Exactement dans la même position qu'eux. J'eus alors la certitude qu'on nous avait rangés dans la même catégorie que Mouyinou, qu'on nous accusait d'avoir tenté de pénétrer le couvent des *eguns eguns* alors que nous n'étions pas des initiés. Ce qui signifiait que nous allions subir la même punition.

Je me retournai vers Mouyinou. Le malheureux n'osait même pas me regarder. Lui, qui, à l'école, jouait les grands Django, lui qui se considérait comme le plus fort, lui qui se vantait de pouvoir se battre contre tous les garçons de l'école à la fois ; le voilà anéanti, ficelé comme un vulgaire poulet.

Cousin Prosper était lui aussi tétanisé. Il m'avait assuré qu'on ne courait aucun danger et m'avait promis, la main sur le cœur, qu'on rentrerait de bonne heure. Mais voilà : ses assurances n'étaient pas suffisantes et son imprudence allait nous coûter cher. Je pensais à mes frères. Je pensais à maman. Je pensais à la correction qui m'attendait si jamais elle apprenait notre mésaventure. Mais allais-je la revoir ? Allions-nous nous en sortir ? Je coudai légèrement Prosper dans les côtes.

« Tu… tu crois qu'on va mourir ? lui demandai-je.

— Non… Bien sûr que non, me dit-il.

— Tu es sûr ?

— Ils veulent seulement nous faire peur.

— Peur ? Ils ont des gris-gris terribles, les *eguns*.

— On n'a rien fait. On n'a même pas vu le *awo*.

— Si, intervint Mouyinou. Le *awo* commence à l'endroit où on vous a attrapés. Le couvent des *eguns eguns* couvre presque toute la forêt. Et si on est accusés d'avoir violé le secret, c'est que nous sommes morts.

— Parle pour toi, espèce de poltron, s'énerva Prosper.

— Mais c'est la vérité ! » protesta l'autre.

Soudain, un mouvement se fit à l'entrée de l'enclos. Nous vîmes entrer quatre personnes, les trois hommes qui nous avaient arrêtés, plus un autre dont le visage était poudré de blanc. Ce dernier paraissait être leur chef car les autres l'entouraient avec beaucoup de respect et lui manifestaient, chaque fois, leur soumission. Ils lui tendirent un tabouret sur lequel il s'assit, presque en face de nous.

Le vieil homme, qui se tenait à sa droite, inspira fortement, prit la parole, parla de nous en des termes bizarres, puis, à la fin, se tourna vers l'homme au visage blanc. Celui-ci avait dans la main gauche une queue de cheval. Il l'agita sans doute pour approuver ce que l'autre venait de dire. Il ne parla pas. Du moins, il n'avait pas un langage articulé. Tout ce qu'il disait était traduit par ses gestes.

Une chose me vint dès lors à l'esprit : on nous jugeait. J'avais l'impression d'être dans un tribunal. L'accusation venait d'être prononcée par le vieil homme et celui qui jouait le rôle de juge allait rendre le verdict.

On nous demanda alors de nous mettre à genoux. Être assis n'est pas signe de respect. Péniblement, je me roulai sur le sol, m'appuyai sur mes jambes et m'agenouillai comme les autres. On exigea que nous nous présentions.

Ce fut Mouyinou qui se livra en premier. On lui demanda de qui il était né, que faisaient ses parents et pourquoi il lui avait pris l'envie de venir connaître le *awo*. Je ne fis pas attention à ses paroles car je réfléchissais, de mon côté, à ce que j'allais dire. Quand mon tour arriva, j'avais déjà la sueur qui coulait abondamment sur le front, les aisselles et tout mon torse. Si l'on m'avait plongé dans une jarre d'eau, on aurait obtenu le même résultat. Mes pieds tremblotaient.

« Je suis », fis-je…

Je ne pus aller au bout. L'homme au masque de kaolin se leva. Il agita sa queue de cheval, plongea ses yeux dans les miens. Son regard était si menaçant que j'eus l'impression qu'il y avait mis des aiguilles.

Il leva sa queue de cheval, en pointa le sommet vers le ciel, puis décrivit des signes étranges auxquels je ne comprenais rien. Le vieil homme, qui était son traducteur, hurla en me regardant.

« Le maître demande si tu es bien le fils de maman *doto*[1].

— Que… quoi ? »

La question avait été posée de manière si forte et si inattendue que, pris au dépourvu, je ne pouvais y répondre. Le vieil homme répéta la question.

« Oui, fis-je en tremblant presque.

— Foyan est ton nom, n'est-ce pas ?

— Comment le savez-vous ?

— Tais-toi ! » répliqua aussitôt le vieil homme.

1. *Doto* : agent de santé : infirmier, sage-femme, médecin.

Il se tourna alors vers son chef, se baissa pour murmurer quelques mots à son oreille. J'en profitai pour regarder de près l'homme au visage masqué de poudre de kaolin. S'il me connaissait, cela voulait dire que moi aussi je le connaissais ou que ma mère le connaissait.

Et plus je l'observais, plus je me rendais compte qu'il ne m'était nullement étranger. Bien sûr, je ne pouvais pas détailler les traits de son visage. Cependant, ce qui m'orienta, c'était sa bouche, sa denture : il avait en effet, une dent – précisément une incisive – qui pointait hors de ses lèvres à la manière d'une sagaie de guerrier prête à être lancée. Une pensée me traversa l'esprit : et si c'était le meunier, l'amoureux de Da Alici ? Il n'y avait, à Pobè, aucun autre homme pouvant présenter cette affreuse denture. La première fois que maman l'avait vu à la maison, elle l'avait comparé à « adja koliko », un monstre de laideur qu'on ne rencontre que dans les contes.

Mais si c'était lui, que faisait-il là ? Cet homme, qu'on traitait de niais, qui avait toujours l'allure d'un parfait idiot, était donc un homme du secret qui occupait un rang très élevé dans l'ordre des *eguns eguns* ? Qu'allait-il faire de moi maintenant qu'il savait que nous connaissions son secret ?

Debout, il se tourna vers le vieil homme, murmura quelques mots à son oreille, puis se rassit. À son tour, le vieil homme claqua les doigts en direction des deux autres accompagnateurs. Le plus jeune des deux disparut et revint la minute d'après avec une chicote, longue et effilée, noire et rayée de blanc.

« Pour avoir violé les secrets du *awo*, décida le vieil homme, vous allez recevoir une correction en bonne règle. Cette chicote que vous voyez vous lavera de ce que vous avez vu. Si vous partez d'ici sans recevoir quarante coups, vous risquez de devenir muet et aveugle. Muet, parce que vous serez tentés de dire ce que vous avez vécu. Aveugle, parce que vous serez amenés à témoigner de ce que vous avez vu. En principe, vous méritez quatre-vingts coups. Mais le maître a réduit la punition de moitié car il connaît ce petit noiraud dont la mère est une brave femme. Alors *Mariwo*[1], prêt ? »

Celui qu'on appelait ainsi était le jeune homme dont la main tenait la chicote aux contours rayés de blanc. Il nous montra l'objet de notre supplice à venir et frappa le sol avec. Les herbes qui tapissaient l'espace se fendirent en deux comme si elles avaient été déchirées par une lame de rasoir. Oui. C'était un avant-goût de ce qui nous attendait.

« Alors, qui passe le premier ? » nous jeta le vieil homme.

Pas loin de là, les tam-tams avaient recommencé leur concert. Cette fois-ci, tous les sons étaient clairs et s'entremêlaient pour créer le rythme endiablé des *eguns*, celui qui fait courir les foules, celui sur lequel on danse à perdre haleine. Je distinguai le son du *bata,* du *ogbon*, puis celui des clochettes géminées. Des voix d'adeptes s'entendirent au même moment. Avec des incantations, des hurlements qui dirent la gloire des revenants, leurs pouvoirs sur les humains.

1. *Mariwo* : personne désignée pour accompagner le *egun* dans ses sorties.

Le *mariwo* s'approcha de moi. Son second me prit par les bras et me fit coucher sur le dos, à même le sol. Je me débattis, suppliai, criai, demandai pardon. Mais, indifférente, la chicote se leva très loin dans l'air et s'abattit sur moi. Le coup fut sec. On aurait dit une piqûre aux fesses. J'eus l'impression que la terre s'ouvrait sous moi et me précipitait dans son ventre.

Le soir, quand maman arriva à la maison, elle me vit plongé dans mes cahiers. J'étais redevenu un écolier studieux, soucieux d'améliorer mes notes pour la composition du deuxième trimestre. En fait, je faisais semblant de réviser mes leçons ; car, mes fesses que la chicote du *mariwo* avait cognées quarante fois me faisaient mal, très mal. Mais je ne pouvais pas en parler. Pas parce que je craignais que maman ne se mette en colère, mais parce que ma langue refusait de se décoller et de se mouvoir chaque fois que l'envie de parler de cette aventure m'effleurait. Le séjour dans l'antichambre du *igbalè*[1] était certes saignant dans ma mémoire, mais le pouvoir des *eguns eguns* faisait que je ne pouvais en dire un seul mot. Il fallait, à défaut de les évacuer, garder ces souvenirs secrètement en moi jusqu'à ce jour. Jusqu'à cet instant précis où j'ai décidé de les exhumer. Pour les partager avec mes lecteurs. L'effet des coups de chicote s'est donc estompé. Depuis plus de trente ans. Il était temps.

1. *Igbalè* : couvent des *eguns eguns*.

À mon fils William

Éliane Kodjo

L'ENFANT DE LA LUNE

Je m'appelle Kuna, j'ai dix ans et je suis un petit garçon bien seul, comme la plupart de mes « frères » de même peau d'ailleurs. Je suis issu d'une famille de six enfants, mais j'ai une particularité : je suis albinos alors que papa, maman et mes frères sont tous noirs.

Grand-mère Asta dit que lorsque maman était en grossesse, elle rêvait très souvent d'un gros bouquet de fleurs toutes rouges avec une seule et petite fleur toute blanche. C'est à partir de ce moment-là qu'elle a su que l'enfant de maman serait albinos.

Je ne me sens bien qu'à la maison car dès que je sors tout le monde me regarde comme si j'étais une curiosité !

Les enfants du village refusant de s'amuser avec moi, je courais me réfugier chez grand-mère Asta jusqu'à ce que j'entre à mon tour à l'école.

Je n'ai jamais été heureux de prendre le chemin de l'école. Pendant les deux premières années, aucun élève ne voulut m'accepter comme voisin et, pendant la récréation, je courais dans tous les sens à la recherche de mes frères.

J'ai fini par suivre les conseils de mon père :

« Kuna mon fils, ne gaspille plus ton énergie à vouloir te faire coûte que coûte des amis. »

C'est avec des yeux grands ouverts que je regarde mon père : je ne le comprends pas ! Je m'attendais à un autre discours de sa part.

« Mais papa… »

Sans me laisser achever ma phrase, il me demande de le suivre sous le gros arbre devenu le confident de toute notre famille. Assis confortablement au creux des grosses racines de notre arbre, papa prend la parole :

« Mon petit Kuna, je sais que tu as été surpris de m'entendre tout à l'heure. Je n'ai pas changé. Je vous ai toujours demandé d'avoir beaucoup d'amour pour votre prochain et je le répète encore aujourd'hui. Mais je ne veux pas que tu perdes de vue que tu vas à l'école pour apprendre. Si tu réussis à force de travail à être le meilleur élève de ta classe, tu auras tous les amis que tu voudras parce que tous les autres seront fiers d'être proches du premier. Écoute-moi bien, mon fils. Le savoir est la clé du bonheur : choisis-le comme ton meilleur ami et jamais il ne te trahira. Il te hissera au sommet de la société. Ne l'oublie jamais.

— Mais papa, peut-on vivre sans ami ?

— Je ne t'interdis pas d'avoir des amis, mon fils. »

Décidément, je ne comprends plus rien à ce que mon petit papa me raconte.

Mais je suis sûr d'une chose : il veut me voir heureux. Quant à moi, je décide de suivre ses conseils : étudier et être parmi les meilleurs élèves de mon école.

Voilà le début de ma nouvelle vie !

Connais-tu les albinos ?

Nous avons la peau et les cheveux jaunes avec des yeux très clairs qui ne supportent pas la lumière. Pour le reste, nous sommes comme toi.

Je m'appelle Kuna ce qui signifie dans ma langue : enfant de la lune. J'ai un cœur plein d'amour pour tout le monde et je ne manque aucune occasion de le manifester à tous mes proches, surtout à ma grand-mère Asta, ma confidente. Cette vieille femme sait m'écouter ; elle ne m'interrompt jamais et utilise son petit visage froissé pour m'assurer qu'elle m'écoute : sourire pour m'approuver, les yeux grands ouverts pour exprimer une surprise ou une interrogation et la mine renfrognée pour une désapprobation. Elle ne prend la parole que lorsque je me suis entièrement vidé. Cela me permet de reprendre mon souffle. Après lui avoir relaté mon entretien avec papa et ce que j'en pense, elle me couche sur ses jambes, comme le bébé que je n'ai jamais cessé d'être à ses yeux. De sa douce voix chevrotante elle dit :

« Tu sais, mon petit prince, tu dois suivre les conseils de ton père. Il a plus d'expérience que toi et ne songe qu'à ton bonheur.

— Je le ferai, Nan Asta, mais je ne comprends toujours pas pourquoi il ne veut pas que j'aie des amis.

— Il n'a jamais dit cela, Kuna. C'est pour t'éviter d'avoir mal lorsque les autres enfants te rejettent, qu'il te demande de ne pas trop t'intéresser à eux.

— Nan Asta, dis-moi pourquoi les autres enfants sont si méchants avec moi !

— Calme-toi. Ils expriment mal ce qu'ils ressentent. Ils sont curieux de savoir si tu es un enfant à part entière comme eux : ton teint, la couleur de tes cheveux et même tes yeux les intriguent. »

Nan Asta est la meilleure pour m'apaiser. Tout en me parlant, elle passe ses mains dans mes cheveux et j'aime le contact de ses mains à la peau fatiguée. Désormais, il me faut beaucoup travailler pour être le meilleur élève de ma classe.

C'est avec joie que mes frères à tour de rôle me servent de répétiteurs. Mes nouvelles notes font de l'effet et très souvent l'instituteur me cite en exemple. Ce qui à coup sûr déplaît aux fainéants de la classe qui plusieurs fois me tendent d'abord des pièges, qui ne marchent jamais, et par la suite se rapprochent de moi.

« Tu viens jouer au football avec nous, Kuna ?

— Moi ?

— Mais oui !

— Non, merci. »

Plusieurs fois, j'ai des propositions de ce genre.

« Kuna, tu pourras venir avec nous mercredi pour une partie de pêche ?

— Je demanderai la permission à mon père et je vous donnerai la réponse demain. »

Papa a vu juste ! Les études m'ouvrent les portes de l'amitié.

À côté de mes études, ma seconde arme est l'amour et je peux vous dire que c'est une arme assez étonnante : pas de bruit, pas de violence mais le résultat est toujours assuré ! C'est le petit secret que je partage avec Nan Asta, ma douce grand-mère. Cette femme au grand cœur me rappelle toujours que son meilleur ami qui ne la trahit jamais, c'est l'amour. Nan Asta prend toujours plaisir à me répéter qu'avec l'amour on gagne toujours. Moi je lui réponds que c'est difficile à appliquer. Comment accepter qu'un garnement me roue de coups et que je ne prépare pas une belle embuscade pour me venger ?

« Mon petit prince, si tu veux avoir une longue vie et des cheveux aussi blancs que les miens, remplis ton cœur d'amour.

— Nan Asta, j'ai les cheveux aussi blancs que les tiens, aurais-tu oublié la couleur des cheveux des albinos ? »

Elle éclate alors de rire mais elle sait que j'ai bien compris son message.

Mon père est satisfait de mes résultats scolaires et je passe la plus grande partie de mon temps libre en sa compagnie. Je prends l'habitude de lui raconter tout ce que je vois ou vis dans la journée.

« Papa, ce matin un élève de ma classe s'est évanoui.

— Ah bon ! Était-il souffrant ?

— Je ne crois pas car juste avant que la cloche ne sonne pour le début des cours, je l'ai vu qui jouait avec d'autres élèves de la classe.

— Il avait peut-être le ventre vide ? À présent, tu comprends pourquoi je tiens à ce que tes frères et toi preniez le petit déjeuner avant votre départ pour l'école ?

— Oui papa. »

Et après je m'en vais chez Nan Asta pour grignoter quelques friandises qu'elle me réserve toujours. À elle aussi, je raconte toute ma journée. Et lorsqu'elle juge que j'ai posé un acte empreint d'amour, son visage ridé devient tout souriant.

Au début, je trouvais sa méthode plutôt lâche et je disais :

« Nan Asta, comment veux-tu que ces garnements me laissent en paix si au lieu de leur montrer que je sais aussi donner des coups, je dois toujours essayer de me faire comprendre par des mots bien choisis ?

— Et s'ils sont physiquement plus forts que toi ? »

Ma grand-mère a bien raison sur ce point. Chaque fois que je veux lui démontrer que sa méthode est mauvaise, c'est toujours elle qui réussit à me convaincre du contraire et aujourd'hui je suis heureux et fier de suivre cette voie.

Mes deux armes : les études et l'amour me permettent de voir la vie sous un autre angle ; je la trouve désormais beaucoup moins triste qu'à l'époque où la méchanceté des autres me rendait malheureux.

Mais je connais un petit garçon de mon âge qui a l'air encore plus malheureux que j'ai pu l'être et je décide d'en savoir un peu plus sur lui.

Ce bout d'homme frêle au teint noir très foncé s'appelle Freddy mais pour tout le monde c'est « le petit malade ». Il n'a pas d'ami de son âge car les autres ne s'intéressent pas à lui, sinon pour en faire leur souffre-douleur. Il m'est difficile de l'aborder car il ne va pas à l'école et je ne sais jamais où il se cache pour jouer. Son compagnon de tous les jours est le vieux Simon. Ce vieux monsieur passionné de pêche passe ses journées avec le petit malade et je les vois aller et venir tous les jours car c'est devant chez moi qu'ils passent pour aller au bord du fleuve. Je me sens d'autant plus proche de lui que j'ai été rejeté comme lui à une certaine époque. Je prends donc la décision de me rapprocher de Freddy. J'ai un plan qui me paraît infaillible et Nan Asta me donne bien sûr un coup de pouce ! Je veux m'amuser toute la journée du mercredi, d'autant plus que les congés de Pâques commencent ce mardi.

Je ne peux fermer l'œil de toute la nuit et, pour la première fois, j'ai hâte de voir le jour poindre. La plus étonnée de toute la maisonnée est maman qui n'en revient pas de me voir sur ses pas alors qu'elle s'apprête à balayer la cour.

« Que se passe-t-il, mon fils ?

— Rien, maman.

— Comment rien ? T'es-tu déjà réveillé à cette heure ?

— Ma petite maman, pourquoi t'inquiètes-tu ? J'ai passé une bonne nuit et aujourd'hui, c'est le premier jour des congés.

— Tu aurais dû commencer par les congés. Je comprends tout maintenant. »

Et sans plus faire attention à moi, elle se remet à balayer.

Sans me faire prier, je prends une douche – ce qui intrigue maman mais elle fait l'économie d'une question en ne me demandant rien.

Refusant de prendre mon petit déjeuner, je vais m'asseoir sous le gros arbre de papa pour faire le guet.

Maman me jette des coups d'œil furtifs croyant que je ne la remarque pas. Seule Nan Asta partage mon secret.

Je suis à mon poste depuis à peu près une demi-heure quand je vois l'objet de mon attente : Freddy et le vieux Simon. D'une voix pas très sûre je lance :
« Bonjour, vieux Simon.
— Bonjour, mon petit Kuna », répondit-il avec une voix grave que j'entends pour la première fois.

Freddy et moi sommes comme pétrifiés, pas pour les mêmes raisons, mais pétrifiés tout de même. Alors que Freddy ne comprend pas que je me rapproche d'eux, je me demande bien comment le vieux Simon fait pour connaître mon nom.

Moi qui ai tant attendu cet instant où je pourrais me rapprocher d'eux, je me trouve en face d'eux et je ne peux rien dire, me contentant du salut du père Simon. Dire que je n'ai pas fermé l'œil et dire que j'ai refusé de prendre le petit déjeuner ! Tout cela s'est passé si rapidement que maman, pourtant dans la cour, ne s'est aperçue de rien ; j'ai bien fait de garder cette opération sécrète sinon tout le monde se serait moqué de moi. Mais il en faut plus que cela pour me décourager ! Après une visite à Nan Asta, tout rentrera dans l'ordre, parole de Kuna l'albinos !

Je décide alors de prendre le petit déjeuner que j'ai refusé quelques instants plutôt.
« Tiens, monsieur lève-tôt décide de prendre son petit déjeuner ? dit maman.
— Oui maman », je réponds simplement.

Et elle se remet à ses tâches ménagères.

La bouche à moitié pleine, je prends le chemin qui mène chez ma grand-mère.

Sitôt installée, Nan Asta me demande :

« Déjà de retour ?

— Nan Asta, tu ne me croiras pas mais je n'ai pas pu accompagner le vieux Simon et Freddy à la pêche.

— Ils ne sont pas passés aujourd'hui ?

— Laisse-moi te raconter. Je n'ai pas fermé l'œil de la nuit parce que je ne pensais qu'à cette rencontre. Je me suis donc réveillé aux aurores, ce qui a intrigué maman. Le vieux Simon et Freddy sont effectivement passés. Mais bloqué par je ne sais quelle force, je n'ai pas pu leur demander de les accompagner.

— Timidité ?

— Certainement !

— C'est une réaction normale, mon petit prince. »

Et dire que j'ai considéré cela comme une faiblesse ! Nan Asta est la meilleure des grands-mères. Elle sait utiliser les mots justes pour son petit prince.

« Maintenant que tu as créé le contact, il te sera plus facile de leur proposer ta compagnie la prochaine fois.

— Nan, sais-tu que le vieux Simon m'a appelé par mon prénom ? Je n'en revenais pas et je crois même que c'est ce qui m'a fait oublier que je voulais les accompagner à la pêche. Sans hésiter, il a sorti d'un trait mon prénom ! Je n'en reviens toujours pas.

— Tu as la preuve maintenant que les vieilles personnes savent beaucoup de choses.

— Oui, mais comment a-t-il fait pour connaître mon prénom ?

— Tu le sauras un jour. »

C'est la manière polie de Nan de me dire qu'il faut clore le débat sur ce point.

« Mais, Nan, je veux savoir qui lui a dit mon prénom.

— …

— Nan, réponds-moi.

— Si tu veux vraiment le savoir, tu n'auras qu'à les accompagner à la pêche la prochaine fois que tu les verras !

— Ce sera demain alors, puisque nous sommes en congé. »

Toute la journée, je ne fais que penser à monsieur Simon. Aurait-il des pouvoirs surnaturels ? Pourquoi Nan Asta, qui ne me cache jamais rien, s'est-elle montrée si évasive sur ce sujet ? Il me faut en avoir le cœur net, mais que faire sinon attendre le lendemain ?

Comme la nuit est longue ! C'est avec joie que j'entends le coq chanter.

Lorsque maman me voit dans la cour, elle sourit tout simplement, certainement pour dire qu'elle apprécie à sa juste valeur ma décision de devenir un « lève-tôt ». Si elle savait seulement la vérité !

Cette fois, je mets mon grand frère Opadjilé dans la confidence et lorsque, quelques instants après, maman nous voit devisant gaiement elle dit :

« Maintenant, je comprends pourquoi tu te lèves si tôt. Tu veux suivre les traces de ton aîné. C'est très bien, mon fils. »

Opadjilé et moi, nous nous regardons sans rien dire et elle s'éloigne de nous, rassurée je crois. Mon frère a soigneusement préparé mon matériel de pêche et lorsque nous voyons arriver monsieur Simon et son petit Freddy, je me lance à leur rencontre en criant un joyeux :

« Bonjour, monsieur Simon !

— Tu respires la pleine forme, mon garçon, inutile de te demander comment tu te portes ? »

Après avoir jeté un regard à mon frère qui m'encourage d'un clin d'œil, je lance d'un trait :

« Dites, monsieur Simon, je peux aller avec vous à la pêche ?

— Je veux bien, mon petit, et ça fera de la compagnie au petit Freddy.

— Oh merci, monsieur Simon. »

Gagné ! J'ai gagné la première partie de mon pari. Ce soir, j'aurai des choses à dire à Nan Asta.

Après un signe de la main à mon frère, je suis mes nouveaux compagnons qui marchent en silence alors que les questions se bousculent dans ma tête. Moi je ne suis pas là pour faire silence mais plutôt pour parler !

Après presque une demi-heure de marche, ne tenant plus en place, je commence :

« Dites, monsieur Simon, pourquoi marchons-nous en silence ?

— Bavarder ralentirait notre marche.

— Ah ! D'accord, je ne le savais pas. »

Heureusement pour moi, le fleuve n'est plus loin. Nous pouvons déjà apercevoir des pirogues, comme c'est beau ! Je ne veux plus parler, j'ai hâte de me trouver sur la rive pour voir de plus près ce qui s'y passe.

Arrivé au bord de l'eau avec mes deux compagnons, je suis subjugué par le spectacle. Je découvre un autre monde ! Comment ai-je pu vivre sans cela ? Je ressens une telle joie interne que je me sens transporté.

Monsieur Simon m'explique qu'il doit jeter son filet au milieu du fleuve pendant que Freddy pêche à la ligne au bord. Il me propose de monter avec lui.

Il me faut rapidement réfléchir et donner la réponse qui m'arrange.

« Est-ce que je peux rester avec Freddy pour cette fois... Et à la prochaine occasion, je monterai dans la pirogue avec vous ?

— Tu peux même faire les deux aujourd'hui.

— On y va alors. À tout à l'heure Freddy. »

Il me fait un petit signe de la main. C'est pour moi un grand pas pour nos futures relations.

La pirogue avance lentement sur l'eau et cela me plaît énormément. Pour la première fois, je tiens une pagaie et j'essaie de faire comme le vieux Simon. Je suis perdu dans la contemplation de ce nouveau monde lorsque le vieux Simon prend la parole.

« Je ne crois pas me tromper en disant que tu t'intéresses au petit Freddy ? »

Incroyable ! Ce monsieur sait tout. D'abord mon prénom et maintenant mes intentions vis-à-vis de son protégé !

« Oui, ai-je simplement répondu comme un garçon surpris en train de commettre une bêtise.

— C'est très gentil de ta part de t'intéresser à lui. Ce ne sera certainement pas très facile au début parce qu'il a pendant longtemps été rejeté par les autres enfants. Surtout ne baisse pas les bras, tu verras que cet enfant est un trésor à prendre. Je compte sur toi, mon petit Kuna. »

J'écoute pendant longtemps le vieux Simon me parler de Freddy. J'aimerais bien qu'une grande personne comme le vieux Simon parle de moi avec autant de tendresse.

Le moment est venu de retirer le filet de l'eau et, grande surprise, il est plein de poissons. Je n'en ai jamais vu autant en une seule fois. Lorsque nous déversons le contenu du filet sur la berge, tous ceux qui s'y trouvent n'en croient pas leurs yeux.

« C'est la présence de Kuna, l'enfant de la lune, qui a permis d'avoir autant de poissons.

— Les enfants de la lune ont le pouvoir de parler aux poissons.

— Lorsque les enfants de la lune sont dans l'eau, ils se transforment en poissons », dit encore une femme venue acheter directement son poisson.

Moi qui ai eu tant de mal à demander au vieux Simon de me laisser venir avec lui à la pêche, me voici devenu héros du jour. Tout le monde a un mot gentil ou une tape amicale pour moi. Même Freddy vient vers moi et me tend la main avec un large sourire qui le transforme. Comme il est beau quand il sourit. Freddy me tend la main et même sourit ! À mon tour, je suis heureux et je lui fais une accolade.

Le vieux Simon tout en triant le poisson nous regarde du coin de l'œil avec un petit sourire aux lèvres. Freddy me tire alors par la chemise et nous allons nous asseoir sur deux grosses pierres. Lentement mais distinctement, je l'entends dire :

« Kuna, est-ce vrai que les albinos sont différents des autres personnes ?

— La différence entre toi et moi c'est uniquement la couleur de notre peau.

— Il paraît que votre peau déteint sur ceux qui vous touchent…

— Fais-moi voir tes paumes. Il n'y a aucune trace de ma peau alors que tu m'as bien serré la main tout à l'heure.

— C'est vrai. Mais tout le monde a un peu peur des albinos.

— Même toi ?

— …

— Tu ne crois pas que je suis exactement comme toi ? Écoute-moi bien alors. Lorsque tu te coupes, de quelle couleur est ton sang ?

— Rouge.

— Mon sang est rouge également. Quand tu as faim, que fais-tu ?

— Je mange.

— Moi aussi je mange en me servant de ma bouche comme tout le monde.

— Quand tu pleures, quelle est la couleur de tes larmes ?

— La couleur de l'eau.

— Mes larmes ont la même couleur que les tiennes.

— Tu es donc un enfant comme moi ?

— Mais bien sûr. Il n'y a que le soleil qui fatigue les albinos : il brûle notre peau et nos yeux ont du mal à supporter ses rayons.

— Je comprends mieux pourquoi on vous appelle les enfants de la lune. »

Nous bavardons tranquillement lorsque le vieux Simon, après avoir vendu son poisson et fait un bon paquet pour chacun de nous, donne le signal de départ.

Malgré nos paquets, nous marchons d'un pas alerte certainement parce que nos cœurs sont légers.

Nous nous séparons sans peine grâce aux liens forts qui viennent de naître.

Dès que je rentre à la maison, je partage rapidement mon paquet de poissons en deux tas et, sans prendre le temps de donner des explications à mon complice du matin, me voilà sur la route pour retrouver Nan Asta. Je parlerai pendant des heures et des heures sans lui laisser le temps de placer un mot. Je ne dois rien oublier de ce qui s'est passé le matin à la pêche ; je dois absolument tout lui raconter. Marcher est un supplice pour moi et il me faut courir pour vite arriver chez elle. Si elle croit que je me suis débiné comme la veille, elle a tout faux !

« Nan Asta, Nan Asta, où es-tu ? criai-je essoufflé en franchissant le seuil de sa maison.

— Que se passe-t-il, mon petit prince ? » me répond-elle tranquillement comme si ce jour n'avait rien d'exceptionnel.

Mais il en faut plus que cela pour faire disparaître mon enthousiasme.

« Viens t'asseoir ! Non, avant de t'asseoir prends ce paquet de poissons. Ne bouge pas et écoute-moi bien.

— Parle, sinon tu vas exploser car je sens que tu as beaucoup de choses à me dire ! »

Elle ne croit pas si bien dire. Je parle pendant longtemps, revenant plusieurs fois sur les mêmes choses. À la fin de mon récit, je pose ma tête sur ma grand-mère qui, pour tout commentaire, dit :

« Repose-toi, mon petit prince, parce que tu as eu une journée bien remplie aujourd'hui. Tu as même pensé à mon repas du jour. Quelle chance j'ai de t'avoir comme petit-fils ! »

Elle me laisse seul et va s'occuper de son poisson. À son retour, je dors profondément. À mon réveil, elle me fait goûter un petit bout de « mon poisson ».

Rentré à la maison, j'explique tout, sans rien cacher, à la famille. Tout le monde rit lorsque je raconte que certaines personnes me croient capable de parler aux poissons.

Cette nuit-là, je fais un rêve dans lequel se trouve Freddy tout souriant au milieu des autres enfants qui l'ont rejeté. Maman a promis de me réveiller à l'aube et lorsqu'elle s'apprête à le faire, elle me trouve assis. Je ne sais pas par quoi commencer ma journée : attendre mes nouveaux amis ou aller à leur rencontre ?

Moi, ça m'aurait rudement fait plaisir qu'on vienne me chercher chez moi ! Mais que pourrait penser le vieux Simon ? Je ne dois surtout pas lui donner l'impression que je veux le sortir du lit ! Finalement, je prends la sage décision de les attendre tranquillement chez moi, ainsi je suis sûr de ne créer aucun problème.

Je n'ai pas à attendre bien longtemps. Dès que je les vois arriver, je ne tiens plus en place et vite je cours vers eux. Nous sommes tout heureux de nous retrouver. Rien qu'à travers nos regards, Freddy et moi savons que nous avons beaucoup de choses à nous dire, mais il ne faut pas oublier la consigne du vieux Simon : ne pas parler pendant la marche !

À peine sommes-nous arrivés au fleuve que nous nous retirons à l'ombre d'un cocotier, laissant le vieux Simon deviser avec quelques pêcheurs.

Freddy est le premier à prendre la parole avec sa façon si particulière de traîner sur chaque mot comme s'il voulait qu'ils entrent dans tout mon corps.

« Tu sais hier, ma maman a fait une très bonne sauce avec les poissons que le vieux Simon nous a donnés. Elle a été heureuse d'apprendre que j'ai un nouvel ami. Tu peux venir chez moi faire sa connaissance.

— Oh, dès que nous rentrons au village, je passe lui dire bonjour, ça te va ?

— Oui, Kuna. »

J'aime l'entendre prononcer mon prénom si lentement que je le reconnais à peine.

« À mon tour, je te présenterai ma grand-mère, Nan Asta. Elle est très gentille et je suis sûr qu'elle t'appréciera. Mais dis-moi, pourquoi ne vas-tu pas à l'école ?

— J'y suis allé pendant deux ans, mais les instituteurs ont expliqué que je ne pouvais pas continuer parce que tout se faisait lentement chez moi. Ils ont donc proposé à papa de m'inscrire dans une école spécialisée dans la ville voisine ; seulement tout cela revient très cher alors je suis resté à la maison.

— Kuna, Kuna !

— Mais c'est la voix du vieux Simon, dit Freddy.

— Allons donc à sa rencontre.

— Kuna, dit le vieux Simon, mon ami veut que tu pêches avec lui pour lui porter chance.

— Je veux bien. »

C'est ainsi que je laisse mon ami Freddy pour suivre le vieux Kètè. Au fond de moi plusieurs sentiments se disputent : la pêche va-t-elle être aussi bonne qu'hier ? Peut-elle être meilleure ? Ce monsieur ne va-t-il pas être déçu ? Pourquoi ai-je accepté d'embarquer avec lui ?

Je suis perturbé par ces questions lorsque le vieux Kètè lance son filet. À cet instant précis, je commence réellement à avoir peur. Va-t-il réussir à avoir au moins ce qu'il prend quand il vient sans moi ? Intérieurement je demande à Dieu de l'aider à faire une bonne prise.

Surprise !

Lorsque le vieux Kètè décide de retirer son filet, il a beaucoup de problèmes. Il faut appeler d'autres hommes robustes en renfort pour tirer ce filet plein à craquer de gros poissons. Tout le monde me regarde comme un extraterrestre ! Les félicitations fusent de toute part quand un trouble-fête croit bon de s'adresser à monsieur Simon en ces termes :

« Eh, Simon, ne reviens plus ici avec ton protégé sinon il n'y aura plus un seul poisson dans le fleuve. »

Je ne sais pas pourquoi mais cette remarque me met de mauvaise humeur. Pourtant en pensant au remède infaillible qu'est l'amour face à tous les maux, cette mauvaise humeur disparaît et je demande au vieux Simon de proposer à ce monsieur que je l'accompagne sur sa barque les prochains jours ; ce qu'il accueille fort bien, oubliant du coup que le fleuve risque de se vider de tous ses poissons.

Ce jour-là, en rentrant, nous nous permettons de bavarder un peu en chemin et au moment de nous séparer Freddy me dit :

« Kuna, c'est vrai que ton sang est rouge comme le mien, que tes larmes sont pareilles aux miennes mais après la pêche d'aujourd'hui tu ne peux pas me dire que tu n'es pas un enfant de la lune ! »

Je souris sans rien dire parce que, au fond de moi-même, je suis bien content de ce mystère autour de moi. Quelle belle revanche sur ceux qui m'ont tant fatigué. Et gare à tous ceux qui s'en prendraient à Freddy, l'ami de Kuna l'enfant de la lune.

Raharimanana

Romans

Nour 1947 (Le Serpent à plumes, 2001).

Nouvelles

Rêves sous le linceul (Le Serpent à plumes, 1998) ;
Lucarne (Le Serpent à plumes, 1999) ;
Za in *Le Huitième Péché* (Éditions Ndzé, 2006).

Récit

L'Arbre anthropophage (Joëlle Losfeld, 2004).

Jeunesse

Landisoa et les trois cailloux (EDICEF / Éditions Tsipika, 2001).

Essai

Littérature malgache, études coordonnées par Jean Luc Raharimanana (Éditions Argo, 2001).

Théâtre

Le Prophète et le Président (Éditions Ndzé, 2006). Prix du Théâtre interafricain Tchicaya U'Tamsi (RFI) en 1990.

Raharimanana

LE VOL DE *LA TEMPÊTE*

J'avais huit ans, presque neuf ans. Nous habitions une cité dans une banlieue à l'est d'Antananarivo. Construite dans les années soixante, juste après l'indépendance, elle est située sur le flanc d'une colline, tourne le dos à la ville et s'ouvre vers la plaine où s'étalent rizières et marécages. Au pied de la cité, là où commencent justement la plaine et les rizières, se trouve le village qui a donné son nom à notre cité : Ambohipo. C'est là qu'à la fin du XVIIIe siècle venait souvent se reposer le roi Andrianampoinimerina. C'est de cette époque que la localité tient son nom. Ambohipo signifie en effet le *village-du-cœur*, ou *le village-aimé*, aimé du roi, cher à son cœur. La colline d'Ambohipo fait ainsi face à la colline royale d'Andohalo où fut bâtie la case du roi et près de laquelle se dresse maintenant le palais de la Reine. Le village, pour le distinguer de la cité nouvellement créée, fut rebaptisé Ambohipo-Tanàna. Une fosse à zébu et une pierre levée marquent encore le souvenir de ces temps. On raconte que le grand roi élevait son taureau de combat dans cette fosse et qu'il avait pour habitude de s'asseoir à l'ombre de la pierre levée. Des pans de *tamboho* cernent encore une partie du village, *tamboho* ou murailles rouges, faites de cette matière que plus personne n'est capable de recomposer aujourd'hui, un matériau à base de latérite étonnamment dur et imperméable.

Pour accéder à la cité, les bus contournaient la colline trop raide d'Ambohipo et entraient par l'autre flanc. Il fallait donc nécessairement passer par le village. Celui-ci, non électrifié, était habité par des gens extrêmement pauvres, les maisons étaient toujours de terre, les toits de chaumes. Les villageois gagnaient à peine leur vie en vendant des légumes au marché. On reconnaissait leurs enfants par leurs regards fuyants et la poussière rouge qui collait à leurs vêtements. Le silence m'étonnait lorsque le bus passait près du village. Les gens s'arrêtaient de parler, ne se disputaient plus. Le chauffeur faisait souvent semblant de ne pas entendre la demande d'arrêt de ceux qui devaient descendre là, et quand il le faisait, certains voyageurs se permettaient de râler et de l'insulter. Le prétexte évoqué pour justifier cette injustice était que le bus perdait son élan à cause du tronçon de route si abîmé de cet endroit. En effet, on devinait à peine le goudron sous l'épaisse poussière rouge. En temps de pluie, il était quasiment impraticable. Les bus s'enlisaient et les petites voitures ne pouvaient même pas passer. Les villageois, de guerre lasse, ne demandaient plus l'arrêt. Ils descendaient à la station suivante, au pied de la pente où commençait l'asphalte. Je les regardais alors repartir dans le sens inverse. Ils devaient repasser près des installations qui traitaient les eaux usées de la cité. C'est là que finissaient les égouts. Les eaux traitées fertilisaient ensuite les rizières, là où justement travaillaient les villageois. L'endroit dégageait une odeur pestilentielle, notamment à la saison des pluies. Dans la cité, les gens disaient que ceux du village vivaient maintenant de nos merdes, le temps des rois était bien révolu ! Et ils riaient, méprisants. Une crainte émanait pourtant du village, une crainte qui avait son origine dans le souvenir et l'aura royale : tous dans la cité savaient, sans l'avouer, que le village avait autrefois accueilli, pendant les passages du roi, le talisman Kelimalaza, et Kelimalaza ne pouvait supporter les rires et les sarcasmes…

L'école que je fréquentais se trouvait juste à côté du village ; seules les rizières, situées dans un creux boisé, la séparaient de lui. Mon père avait contribué à créer cette école et y avait mis tous ses enfants. Gérée conjointement par les parents et une congrégation de sœurs, l'école appartenait à la paroisse d'Ambohipo. L'Église, bien avant l'indépendance, avait remarqué très tôt la qualité de l'endroit et s'était arrangée pour s'approprier une grande partie des terrains, de sorte que les villageois n'avaient presque plus rien. Les bords des rizières étaient des lieux de jeux incroyables pour nous. Nous y construisions des radeaux et pénétrions la forêt de joncs. Nous y rencontrions des nids d'oiseaux, une variété incroyable de libellules, on pêchait souvent sans rien attraper, piètres pêcheurs, nous étions trop impatients ! Les poissons abondaient pourtant, sautaient même dans nos radeaux ! C'était seulement ainsi qu'on attrapait nos poissons... Nous ne poussions jamais plus loin que le village royal, n'osions même pas y mettre les pieds. Gens de la cité, gens des villes, nous étions intimidés par le silence régnant dans ce village semblant toujours désert. Nos radeaux semblaient même rebrousser chemin sans que nous ne les poussions de nos rames. Des histoires de malédiction parsemaient l'endroit. Souvent, dans ces marais, des corps étaient retrouvés flottant sans vie ou au fond des courants. Nous avions toujours la peur au ventre avant de pousser nos radeaux. Nous crachions par terre, chiquions des feuilles amères avant de nous y aventurer, insultions la catéchèse, insultions le prêtre, insultions les sœurs, car, paraît-il, c'est ce que préfèrent le plus les esprits qui peuplent ces endroits. C'était cette peur que j'aimais. C'était cette peur qui me poussait à construire mes radeaux. J'aurais voulu connaître ces disparitions dans l'eau, rencontrer ces esprits qui emmenaient les corps, je traquais les légendes. Mes amis ne se souciaient nullement de ces histoires. Ils ramaient, ils nageaient, se gavaient de goyaves ou de fruits d'acajou. Avant de rentrer, nous faisions sécher nos vêtements sur la berge. Nos parents nous interdisaient en effet d'y jouer. La directrice d'école ainsi que les Sœurs étaient encore plus sévères : « Dieu n'aime pas ces marais. »

Un jour, je fus puni pour avoir posé la question suivante : « Si Dieu n'aime pas ces marais, pourquoi le petit séminaire, le couvent, le cimetière et la concession de la paroisse sont-ils tous ici ? Et pourquoi l'Évêque effectue-t-il toujours ses retraites spirituelles ici ? »

Ma punition consista à suivre l'école trois jours de suite au couvent : prières, conjugaison, prières et interrogations interminables de la Mère Supérieure sur la vie de Jésus. La récréation consistait à arroser les plantes du couvent, il y en avait partout ! Ramasser ensuite les pêches et résister à la tentation. Ne pas en avaler une seule. Ouvrir la bouche en arrivant à la cuisine. Bien montrer qu'on n'en a pas mangé. Tout cela ne m'était pas difficile en réalité car j'aimais bien le silence du couvent. À la maison comme en classe, je ne parlais pas beaucoup déjà. De plus, je détestais la maîtresse d'école. Ces trois jours furent tout sauf une punition. C'est ainsi que le quatrième jour, je me présentai comme d'habitude au couvent, j'avais oublié que ma punition était finie…

La sœur stagiaire m'accueillit. Elle ne savait pas où était passée la Mère Supérieure, elle ne savait pas non plus que j'avais fini ma punition. Je restais là au milieu de la cour quand je vis arriver Radala.

Radala est un fou que nous rencontrons souvent dans les marais. Il était pour nous le cauchemar des marais. Il surgissait brusquement devant nous et renversait notre radeau, nous mettait la tête sous l'eau et partait dans un éclat de rire qui nous glaçait le sang. Radala gardait également le jardin des Sœurs. Il était impossible de voler les pêches quand il était là. Souvent à moitié nu, il nous faisait vraiment peur. Je n'osais pas bouger. Il ne bougea pas non plus. Nous restâmes ainsi je ne sais combien de temps. Toujours est-il que la sœur stagiaire ne revenait pas. Toujours est-il que la Mère Supérieure restait introuvable. Puis subitement, Radala partit. Je ne sais pas ce qui m'arriva mais je me mis à le suivre.

Il partit vers le jardin qui se trouvait derrière les bâtiments et prit une sortie que je n'avais jamais remarquée. La sortie donnait sur les marais. Il s'y dirigea sans hésiter. Je devais courir un peu pour pouvoir le suivre. Il disparut dans les joncs et je l'y suivis toujours. Je savais que pas loin d'ici la glaise était dangereuse, elle pouvait vous avaler en un rien de temps. Mon cœur battait fort mais ma curiosité était telle que je ne réfléchis pas plus.

Je m'enfonçai aussi dans les joncs. À ma grande surprise, la piste menait vers une petite dune formant une île. À peine y avais-je mis les pieds que je m'enfonçai brutalement. J'étais pris au piège. La glaise me prit jusqu'aux aisselles. Je paniquai, je criai. Rien n'y fit. Je restai là. J'avais peur de m'enfoncer davantage mais apparemment, j'avais atteint le fond. Seulement, je commençais à étouffer. Plus je criais, plus j'étouffais. Radala est alors revenu. Je lui tendis les bras, il prit mes mains avec un tel naturel que j'en fus bouleversé. Il me tira facilement de là. Je restai là assis pendant longtemps. Radala était déjà reparti. J'enlevai mon short et mon tee-shirt salis par la glaise et les lavai dans l'eau. Au bout d'une demi-heure, ils étaient déjà secs.

Mon seul souci était dorénavant de cacher tout ça à ma mère. Je me mis à inventer toute une histoire pour lui expliquer pourquoi je n'avais plus mes sandales, car bien sûr, elles étaient restées au fond de la glaise.

À partir de ce jour, je n'hésitai plus à poser des questions autour de moi à propos des marais, à propos du village d'Ambohipo-Tanàna. J'écoutais les contes et légendes qui tournaient autour. Je demandais confirmation auprès de mon père, auprès de la Mère Supérieure. Si mon père ne se lassait pas de me parler de l'histoire du village et de ses *fady*, coutumes et interdits, la Mère Supérieure par contre recevait très mal mes questions, invariablement, elle soutenait que tout cela n'était que *légendes imaginaires* tandis que seule la Bible était véridique.

Je traquais maintenant dans les livres de mon père toute trace des marais d'Ambohipo. Il me passait des livres d'histoires, me passait les tomes de *Tantaran'ny Andriana*, histoire des rois où des passages évoquaient Ambohipo et le talisman Kelimalaza. Je me mis à hanter la salle de lecture du couvent. Il n'y avait que des manuels de catéchèse et des livres sur les Saints. Un jour, j'y ai trouvé enfin un livre de contes recueillis par un père missionnaire. Je courus vers la Mère Supérieure et lui dis : « Si ces légendes ne sont pas vraies, pourquoi alors ce prêtre les avait recueillies ? » La Mère Supérieure m'arracha le livre des mains et m'interdit d'accéder désormais à la salle de lecture. Je triomphais néanmoins.

Les mois passèrent ainsi. Je commençais à visiter de moins en moins les marais. Je passais mon temps à lire. L'école finie, je courais à la maison. Je n'avais qu'une hâte : lire ! Je voulais dévorer toute la bibliothèque de mon père.

Pour ma première communion, je devais aller à la catéchèse. J'y allais de bon cœur car j'aimais bien la sœur qui nous lisait la bible (j'ai commencé à l'aimer le jour où je l'ai vue au marché, elle n'avait pas son voile, et ses cheveux si noirs, si longs, se répandaient sur ses épaules ; elle s'était éclipsée, honteuse, belle comme le péché...). La catéchèse avait lieu dans l'une des salles de la Paroisse : une grande table en bois, des bancs grinçants prélevés à l'église, des agenouilloirs agonisants, un confessionnal au rideau miteux avec une grosse toile d'araignée à l'intérieur, et surtout, contre le mur, une bibliothèque mangée par la poussière. Je fis en sorte de tout retenir de la catéchèse, répondre avant les autres, répondre juste, deviner même les questions de la sœur ou du curé. Ce que j'espérais arriva. Chaque fois que je levais la main pour répondre, le curé surtout faisait semblant de ne pas me voir pour interroger un autre enfant : « Il faut que tout le monde participe ! » Je pouvais alors écarquiller les yeux et lire les titres alignés sur les étagères : *Le Tour du monde en quatre-vingts jours*, je l'avais, je voulais dire, mon père l'avait. Je l'avais lu. J'avais vu le film. J'avais lu la bande dessinée. *La Reine Margot*. Je ne connaissais pas. *Le Vicomte de Bragelonne*, un livre de Dumas que je n'avais pas ! Mon père m'avait permis de lire *Les Trois Mousquetaires*. « Pas les autres. Pas encore me dit-il, tu n'as pas dix ans. » *Vie et mort de Satan le feu*, je tremblais d'excitation, l'auteur : Antonin Artaud, il était, lui, au fond, chez mon père, derrière les Sartre et les Beauvoir. À côté de Cendrars. Mon père m'avait dit que c'était un fou. Comme Lautréamont. Mort trucidé par la folie comme Rabearivelo. Mais mon père savait-il que maintenant j'aimais les fous, les fous comme Radala ? J'écarquillai encore les yeux : un autre titre que mon père n'avait pas – je connaissais tous les titres de sa bibliothèque, savais où chaque livre devait se ranger… Je regardais toujours : d'autres titres sans importance. Mon père les avait aussi ! Je me promettais de commencer par Artaud. Piller cette bibliothèque. Me venger ainsi de la Mère Supérieure qui m'avait interdit de lire.

À la fin de la catéchèse, nous devions « répéter notre première confession » : nous entrions dans le vieux confessionnal affronter la vieille araignée qui y régnait, fermions les yeux et joignions les mains en prière. Je récitais : « J'ai volé un bonbon, bu du vin rouge – je l'ai même sucré – me suis allongé dans le canal avec les autres copains, regardé sous les jupes des dames qui passaient, mais je vous jure mon père, on ne fait pas ça avec les mamans, on ferme les yeux quand elles passent, et de toute façon, elles ne portent pas de minijupe. »

Je ne disais pas que j'avais envie, trop envie de piller cette bibliothèque. Après une semaine, je pouvais réciter tous les titres qui la composaient. Il y avait quatre rangées d'une trentaine de livres, des revues posées un peu partout. Deux ouvrages me tentaient spécialement : *La Vénus à la fourrure* de von Sacher-Masoch, et les œuvres complètes de William Shakespeare. Je ne connaissais pas Von Sacher-Masoch, n'avais aucune idée de ce qu'il pouvait représenter. Mais simplement *La Vénus à la fourrure* car j'avais, mon père avait, un beau livre que j'adorais : un livre sur le peintre Goya où j'admirais particulièrement sa *Vénus nue*. Mon père s'en était rendu compte et avait arraché la page, il ne restait que la *Maja vestida, la Vénus habillée*.

J'étais furieux ! Mon père avait osé déchirer une page de mes livres, de ses livres ! Shakespeare, car mon père, toujours, disait que je n'avais pas encore dix ans. Il fallait attendre un peu. J'avais lu Rimbaud déjà : *On n'est pas sérieux quand on a dix-sept ans !* Et moi qui n'en avais pas dix ! Il me fallait Shakespeare. Absolument. Je décidai de passer à l'action après une autre répétition : comment bien communier, ouvrir les mains, recueillir l'hostie et la mettre à la bouche, ne pas la croquer – on ne croque pas la chair du Christ. J'avais croqué. Il n'y eut pas de sang dans ma bouche… Je me proposai de balayer la salle de catéchisme. On me l'accorda. Je demandai la permission de ramener l'un des agenouilloirs pour le réparer. On me l'accorda. Le curé eut à peine le temps de se retourner, ma main sut exactement où se trouvait *La Vénus à la fourrure*. Je cachai le livre dans le casier de l'agenouilloir. Je partis. La lecture fut un choc monumental. Chez mon père, je le rangeai parmi les *Mémoires de Jules César*, à côté du *Satyricon* de Pétrone. Des livres assez vieux qui partaient en poussière et qu'on n'avait pas le droit de toucher. « Les doigts abîment les livres, les pages préfèrent les yeux », disait mon père.

Je fis en sorte de clouter maladroitement l'agenouilloir pour pouvoir être grondé par le curé, qu'il me dise que j'avais mal fait mon travail et que je devais ramener de nouveau l'agenouilloir. J'ai dû attendre quelques jours mais les mots vinrent. Je pris *Vie et mort de Satan le feu*. Je pris *La Reine Margot*. Je ramenai des bancs et en dessous des livres : *L'Astragale*, *J'irai cracher sur vos tombes*. Je ramenai les planches des cierges et des bougies pour les gratter et les cirer, *La Vie de Jésus* de Renan, *Trois ans de vacances* de Jules Verne, un George Sand (je ne compris que des années plus tard que ce n'était pas un homme).

En passant ma première communion, je croquai l'hostie. À ma première confession, je ne dis pas au prêtre que j'avais fait disparaître les livres, qu'il n'en restait pratiquement plus. Après que moi et mes compagnons de communion avons réussi l'examen de religion pour être enfant de chœur, le curé nous réunit tous dans la salle de catéchisme et nous montra la bibliothèque : « Des livres disparaissent ici, j'aimerais que, dans le futur, vous vous montriez meilleur chrétiens. » Tous savaient que j'étais le coupable. Aucun doute n'était possible. Tous savaient que si je montais dans les arbres, ou m'enfonçais dans les marais, ce n'était ni pour faire le Tarzan, ni le Zembla ni le Robinson Crusoé, c'était pour lire. Je m'étais aménagé un coin de solitude au sommet d'un arbre touffu. C'était là que je lisais mes butins. Je ne dis rien. Je savais que j'étais allé trop loin mais il y avait un livre, en deux tomes, qui me manquait encore : *Les Œuvres complètes* de Shakespeare, collection de La Pléiade, traduction de Henri Fluchère. Des feuilles si fines que les lettres semblaient se détacher de la page, se poser sur les doigts qui feuilletaient…

J'attendis près d'un an pour commettre mon coup, la nuit de la mort du Christ, messe de minuit où je devais servir, au moment du *Chemin de croix*. La paroisse chantait. Les femmes avaient mis leurs plus belles *lamba*, étoffes de soie qu'elles étendaient sur leurs épaules, les hommes avaient mis leurs plus belles vestes, leurs plus belles cravates – ils étouffaient sous la chaleur. Une mise en scène fut prévue – une mise en scène de mon père, pas pour ma rapine mais pour la messe. Une immense croix cachée sous un rideau noir trônait derrière l'autel et un paroissien y fut attaché. Aucun des paroissiens ne se douta de la présence de la croix ni de l'homme attaché dessus. Le curé lit la crucifixion du Christ et les vieilles femmes de la Chorale des Filles de la Vierge Marie commencèrent à pleurer. Déjà. Il était prévu de simuler le bruit d'un court-circuit et d'éteindre brutalement les lumières au moment où le curé parviendrait au passage du déchirement des rideaux du temple, au moment où le Christ rendra son dernier souffle. Nous devions faire tomber plusieurs bancs et hurler comme des malades. C'était parfait pour moi. À minuit pile, mon père enclencha son dispositif. En hurlant, nous coupâmes les lumières tandis qu'une lumière d'éclair puissant traversa l'autel et tomba sur le rideau que nous tirâmes d'un coup sec, découvrant ainsi la croix et l'homme crucifié ! D'autres éclairs déchirèrent encore l'église, tombèrent sur la croix. Un hurlement s'éleva parmi les fidèles. Nous criâmes comme convenu – comme des malades. J'en profitai pour quitter ma place près de l'autel et courir vers la salle de catéchisme. Tout était plongé dans le noir mais je n'eus aucune hésitation. J'entendis le comédien brailler : « Père, père, pourquoi m'as-tu abandonné ? » Un autre coup de foudre et la foule des fidèles hurla encore. Je mis la main sur les deux tomes, les cachai sous ma robe d'enfant de chœur, en les serrant bien fort contre les cordelettes que je nouai plusieurs fois. Je revins à ma place alors que la lumière se rétablissait. Les vieilles femmes de la chorale pleuraient comme des madeleines. Le curé nous fit signe. Nous nous ébranlâmes pour finir le chemin de croix. Ici, un soldat perça le cœur sacré. Là, la descente de la croix, là encore…

Je me promis de lire *La Tempête* en premier. Le lendemain, je regagnai les marais : allongé sur mon radeau, je découvris Caliban…

Kangni Alem

Théâtre

La Saga des rois (Nouvelles Éditions Africaines de Lomé, 1992) ;
Nuit de cristal (Le bruit des autres, Limoges, 1994) ;
Atterrissage (Éditions Ndzé, 2002) ;
Chemins de croix (Éditions Ndzé, 2006) Grand Prix Tchicaya U'Tamsi du concours théâtral interafricain de RFI en 1990.

Romans

Cola-cola jazz (Dapper, 2002) Grand prix Littéraire de l'Afrique Noire ;
Canailles et charlatans (Dapper, 2005).

Nouvelles

La gazelle s'agenouille pour pleurer (Le Serpent à plumes, 2003) ;
Tantum ergo in *Le Huitième Péché* (Éditions Ndzé, 2006).

Essai

Rachid Boudjedra, la passion de l'intertexte (Presses Universitaires de Bordeaux, 2001).

Kangni Alem

Le nain volant

Pour Fili, Jessica et Judy

Comme il en avait pris l'habitude depuis plusieurs années, Bonito se précipita ce soir-là vers la place Fréau-Jardin, tout excité, pour admirer ce qu'il avait surnommé la naissance des lampadaires. Tous les soirs, à dix-huit ou dix-neuf heures, selon la saison, la nuit tombait sur la ville et quelque part, une main invisible allumait les lampadaires publics de Mola. En découvrant cela, pour la première fois, il avait tiré Carnélia sa maman par la manche. C'était un dimanche soir, ils revenaient d'une visite chez la tante Ercilia qui avait eu un accident de voiture pas trop grave.

« Ma Carnélia, Ma Carnélia, regarde, les lampadaires sont en train de naître ! »

Sa maman avait ri, puis elle lui avait caressé les cheveux en lui disant :

« C'est très bien, Bonito. On reviendra leur porter à manger, c'est ça que tu veux ? T'as vraiment de l'imagination, mon petit, c'est quelqu'un qui les allume. Allez, dépêche-toi, il va bientôt pleuvoir. »

Il avait bien tenté de découvrir qui, tous les soirs, allumait les lumières de la ville. Pendant longtemps, il avait soupçonné son oncle Lapisco. Celui-ci quittait toujours la maison une heure avant la naissance des lumières, et personne n'était capable de lui dire où son oncle se rendait. Il finit pourtant par abandonner cette piste, pour une raison assez logique : certains soirs, il arrivait à son oncle de ne pas quitter la maison, malgré cela, les naissances avaient lieu. Il en avait conclu, alors, que c'était l'œuvre d'un magicien invisible, qu'il avait décidé de surnommer Lètriki.

L'un après l'autre, les lampadaires clignotaient. Leur lumière, d'abord blafarde et hésitante, finissait par éclater au bout de quelques minutes, illuminant la frondaison des arbres de la place publique, chassant les ombres du soir descendant sur Mola. Et comme chaque fois que les lumières chassaient l'obscurité, les chauves-souris nichées dans le fromager du parc s'éparpillèrent dans le ciel, complètement déboussolées par ce jour artificiel. Et comme tous les soirs, Bonito sortit une fronde de la poche de son pantalon. Déjà le rejoignaient d'autres garçons du quartier, une dizaine, parmi lesquels son cousin Elpidio, dont le père était pêcheur la nuit et cordonnier le matin pour pouvoir joindre les deux bouts.

Ils arrivaient en courant, avaient tous des frondes à la main. De concert, ils se mirent à bombarder les chauves-souris de projectiles divers, menus graviers, billes de verre, baies d'acacia ou noyaux de mangue. La ronde des oiseaux piaillant d'effroi au-dessus des arbres du jardin les amusait. Ils riaient et criaient après eux, heureux de leur jouer un sale tour :

« Réveillez-vous, paresseux ! Réveillez-vous c'est le jour, il est temps d'aller travailler ! »

Bonito n'était pas de reste au milieu de cette gesticulation puérile qui faisait rire les passants et hurler de réprobation les vendeuses de fruits, de friandises et autres cigarettes, lesquelles, installées sous les lampadaires, avaient déjà fort à faire pour protéger leurs marchandises des fientes d'oiseaux. Il semblait animé d'une frénésie de chasseur, ramassant tout ce qui lui tombait sous la main et gesticulant jusqu'à en avoir le souffle court. À tel point qu'il se retrouva à un moment donné à court de projectiles.

À cet instant-là, il regarda autour de lui. Plus de cailloux, ni de noyaux alentour. Plus la moindre pierre pour continuer la bataille aérienne. C'est alors que ses yeux tombèrent sur un morceau de bois, une frêle branche d'acacia morte qui gisait dans la poussière certainement depuis longtemps, tant elle était sèche.

Sans hésiter, profondément convaincu qu'une branche si légère, même en retombant par terre ne blesserait personne, il la ramassa, la brandit un instant audessus de sa tête, l'air de dire aux oiseaux : prenez garde, volatiles, le Grand Bone arrive ! D'un mouvement sec et précis, il lança le curieux projectile vers le ciel en direction des chauves-souris dont les rangs commençaient à s'éclaircir. Il se passa alors quelque chose que Bonito n'aurait jamais pu prévoir, quelque chose qui allait le ramener de quelques années en arrière et bouleverser, pour toujours, sa vision du monde.

Juste en face du jardin, de l'autre côté de la rue, s'étendait un terrain vague. On avait surnommé l'endroit « la place des enchères » ; et, chaque dimanche, effectivement, les huissiers y procédaient à la vente aux enchères d'hétéroclites objets saisis chez les mauvais créanciers, particuliers ou entreprises. À propos de cette place, on racontait également que dans des temps très anciens, on y parquait les esclaves razziés le long de la côte pour les trier, les plus robustes d'un côté et les chétifs de l'autre, avant leur embarquement sans retour vers les plantations d'Amérique et des Antilles.

Il trônait sur la place, un très vieux lampadaire dont la lumière ne connaissait plus de naissance depuis des lustres. C'était un immense lampadaire, aussi haut qu'un immeuble de trois étages. La dernière fois que Bone l'avait vu s'allumer remontait à deux ans. À l'époque, il était flambant neuf. On l'avait planté exprès pour la venue des artistes du Grand Cirque de Pyongyang. Clowns, jongleurs, dresseurs et musiciens, ils étaient arrivés dans nos murs dans le cadre, disait la propagande, de l'amitié entre les peuples de la Corée du Nord et de Mola. Bone ne comprenait rien à ce charabia, mais il avait la certitude que ces artistes dont on parlait constamment, à la radio comme à la télévision, étaient porteurs de rêves et de joies ineffables. Il traînait dans leur sillage des senteurs étranges de vernis, de sciure et des parfums jamais sentis jusque-là ; aussi un enthousiasme qui n'avait rien à voir avec celui, par exemple, des hommes et femmes travaillant nuit et jour dans les carrières de phosphate de Mola.

Il suffisait, pour s'en convaincre, de les voir à la tâche, s'affairer sur la place, sous un soleil de plomb, au milieu des camions rugissant comme des fauves. Sur fond de rires et de musique, on assistait à un va-et-vient permanent d'ouvriers déchargeant caissons et valises, des kilomètres de câbles et de tuyaux multicolores, d'immenses cages remplies d'animaux divers : ânes brailleurs, singes hurleurs, lions, chevaux, tigres, girafes, rhinocéros, chameaux et dromadaires et même des éléphants dont on apercevait les trompes à travers les barreaux.

Au bout d'une grande journée d'agitation, deux jours après son arrivée, le cirque avait établi ses quartiers sur la place des enchères, en plein cœur de la cité. Avec son chapiteau de toile bleu et or, ses gradins en fer et en bois et le grand lampadaire qui, tous les soirs, l'ensoleillait de sa lumière de cristal. C'était la première fois que Bone voyait un chapiteau de cirque en vrai. Pour lui, c'était la découverte d'une réalité plus palpitante que celle contenue dans les images de son livre de lecture. Déjà, il rêvait du jour où le grand spectacle aurait lieu, plus que sept jours et le Grand Cirque allait donner son unique représentation tant annoncée avant de plier gradins, agrès et chapiteau pour d'autres cieux et d'autres aventures.

Tous les soirs, en compagnie de son cousin Elpidio, Bone allait rôder autour de l'immense chapiteau, pour bien le regarder sous tous les angles. Puis vint le jour tant attendu. Quartier libre dès onze heures pour toute son école, afin que chacun puisse être à l'heure au spectacle. Bone courut à la maison, il avait promis à ses amis de les rejoindre l'après-midi devant le cirque, quelques minutes avant la représentation. Mais en arrivant chez lui, ce qu'il vit le refroidit instantanément. Au milieu de la cour, sa maman gisait effondrée, elle venait d'avoir une crise de malaria. Il n'y avait personne dans la maison en dehors de sa mère. Son oncle Lapisco était parti dans ses vadrouilles habituelles, et son père était parti la veille pour un voyage de trois jours au village.

Bone prit peur et courut chercher les voisins, qui firent venir l'infirmier. Ce dernier félicita Bone d'avoir réagi si vivement et le rassura : sa maman était hors de danger. Quelques heures après cet incident, une fois l'infirmier et les voisins repartis, il se retrouva seul à garder sa mère malade. Malgré son désir d'aller rejoindre ses camarades, il préféra finalement rester à son chevet.

Lorsqu'il retourna à l'école le lendemain, tout le monde avait quelque chose à raconter. Avec des trémolos dans la voix et des étoiles plein les yeux, Elpidio lui raconta l'histoire merveilleuse du nain volant. Il s'appellerait Kim et volerait dans les airs, à l'en croire, le cousin Elpidio.

« Chaque fois qu'il s'élançait dans les airs, racontait le cousin, je fermais les yeux pour ne pas le voir s'écraser au sol.

— Donc tu n'as rien vu, puisque tu avais tout le temps les yeux fermés, lui fit remarquer Bone.

— Mais non, pas tout le temps, juste quelques secondes. D'ailleurs, il ne tombait jamais. Il était super, Kim, il voltigeait d'une échelle à l'autre, enchaînant les pirouettes et les doubles et triples sauts périlleux. Une luciole géante, je te dis, voilà ce qu'il est, Kim. Un extraterrestre ! »

Racontées par Elpidio, les histoires de ce nain acrobate du ciel avaient émerveillé Bone. Pendant plusieurs semaines, il fit des rêves étranges où c'était lui qui était sur le trapèze à la place de Kim, en train de faire son numéro fétiche, « la marche au plafond », devant un parterre d'écoliers suffoqués de peur et de joie : il était unijambiste et marchait à l'envers, oui la tête en bas et le pied collé au plafond. Les écoliers l'avaient surnommé « La Mouche d'or ». Une fois, il rêva même qu'il était sur un vélo qu'il conduisait également à l'envers, à grande hauteur sous la coupole du cirque. Lorsqu'il raconta ce rêve à Elpidio, celui-ci le regarda fixement dans les yeux, avant de dire dans un soupir :

« Même Kim n'aurait jamais osé faire ce que tu me racontes là, cousin, et Dieu sait que Kim était un extraterrestre ! »

Dans les souvenirs de Bone donc, la place des enchères avec son lampadaire de cirque restait liée à la figure mystérieuse de ce nain nommé Kim qui avait le pouvoir de défier les lois terrestres de la gravitation, celles qui font que tout corps lancé en l'air finit par s'écraser au sol. Il avait admis, lui aussi, que Kim était bel et bien un extraterrestre, il avait découvert le secret de la loi antigravitation.

Lorsque Bone lança son étrange projectile dans le ciel, les rangs des chauves-souris s'éclaircissaient déjà. Beaucoup d'entre elles avaient commencé à se replier vers de nouveaux refuges, notamment vers les tamariniers centenaires qui peuplent, en bordure d'océan, le quartier des Étoiles, un quartier mal éclairé malgré la présence à cet endroit de la prison centrale de Mola.

La branche d'acacia lancée par Bone, au lieu de toucher les oiseaux, prit carrément une autre direction. En effet, comme attirée par un puissant aimant, elle décrivait une courbe dans l'air et filait droit vers l'autre côté de la rue. Bone n'en croyait pas ses yeux. Il restait là, bouche bée, à regarder le prodige s'accomplir. Une main invisible attirait la branche vers le grand lampadaire.

La branche heurta le lampadaire de plein fouet et, ô miracle, celui-ci s'illumina comme au temps où le chapiteau se dressait place des enchères.

« Regardez, regardez, cria Bone, le grand lampadaire renaît ! »

Ses camarades s'arrêtèrent de jouer et regardèrent dans la direction que Bone leur indiquait. Mais ils ne virent que dalle. Sur la place, régnait une profonde obscurité de laquelle émergeait à peine le contour du vieux lampadaire. Ils éclatèrent de rire et le traitèrent de rêveur.

« Mais je vous le jure, je n'ai pas rêvé. Je l'ai bien vu s'allumer à l'instant. Croyez-moi ! »

Ils s'éloignèrent de lui en riant. Lui restait convaincu d'avoir aperçu le lampadaire s'allumer. Pour en avoir le cœur net, il traversa la rue en direction de la place.

Le vieux lampadaire était là, désespérément éteint comme pour le narguer. Il chercha par terre la branche d'acacia, elle avait disparu. Alors, de guerre lasse, il s'assit sous le lampadaire pour réfléchir à ce qui lui arrivait.

Cette branche qui flotte dans le ciel, et ce lampadaire qui s'allume et s'éteint juste pour le faire passer pour un rêveur aux yeux de ses camarades de jeu ! Il se promit d'aller tout raconter à son oncle. Lui au moins, il en était certain, saurait bien lui expliquer le fin mot de l'histoire, il connaît tellement de choses, l'oncle Lapisco…

Mais il se fait tard, il faut rentrer à la maison, pensa-t-il.

La nuit était complètement tombée. Il faut que je rentre, répéta-t-il, sinon ma mère va s'inquiéter. Il se releva, puis, comme pour bien se convaincre qu'après tout il se pourrait bien qu'il ait rêvé, il jeta un ultime coup d'œil au lampadaire. Alors, le prodige se renouvela. Comme un gros œil malicieux, la grosse lampe s'alluma et s'éteignit brutalement. Néanmoins, Bone avait eu le temps d'apercevoir celui qui jouait à allumer et à éteindre la lampe. Il était assis au sommet, une casquette rouge portée à l'envers sur la tête et tenait dans sa main la branche d'acacia dont il frappait le poteau du lampadaire, comme s'il s'était agi d'un bâton de magicien.

Bone voulut prendre les jambes à son cou. Il s'apprêtait à détaler comme un lapin sentant le piège lorsque, d'une voix douce et rassurante, l'être assis au sommet du lampadaire se mit à lui parler.

« N'aie pas peur, Bone mon ami. Je suis le nain volant. Tu rêvais de me revoir, me voici. Monte, j'ai des choses à te montrer. »

Une échelle lumineuse descendit du ciel et vint se balancer à ses pieds. Bone hésitait.

« Tiens, tiens, reprit la voix au sommet. La Mouche d'or aurait-elle peur de la gravitation ? Ne crains rien, mon ami, accroche-toi seulement, Kim fera le reste ! »

Bone prit son courage à deux mains, il posa lentement un pied sur l'échelle, puis l'autre et s'accrocha aux barreaux comme à une bouée de sauvetage. Lorsque l'échelle se mit à monter, il ferma les yeux et pria. Ces quelques secondes d'ascension lui parurent interminables. Enfin, l'échelle arriva à destination et Bone ouvrit les yeux.

Ce qu'il vit alors lui sembla à la fois étrange et familier. Sous un soleil d'hivernage, le cirque était bien là, avec son immense chapiteau de toile bleu et or dressé au centre de la vallée de nuages. Mais en dehors du nain et des animaux, il n'y avait pas grand monde : pas d'artistes, pas d'ouvriers. Rien que le nain batifolant au milieu d'un immense filet en forme de toile d'araignée. L'étrange, aussi, c'était le fait que tous les animaux portaient des ailes accrochées aux flancs et voltigeaient d'un coin à l'autre de la vallée.

Bone jeta un coup d'œil à ses pieds et s'aperçut qu'il était debout sur le filet géant au travers duquel il pouvait apercevoir, au loin, les rues étroites et les lumières de Mola. Il prit peur et crut qu'il allait tomber. D'un bond léger et précis, Kim traversa l'espace et vint se poser devant lui.

« Salut, Bone ! Bienvenue au chapiteau de l'éternité !

— Salut, monsieur, murmura Bone, timide.

— Appelle-moi Kim. Je te présente mes amis. Voici Hulk, le rhinocéros, Tirasissa la girafe, Java, l'éléphant d'Afrique et Frisco le singe de Bali. Nous sommes ici dans la vallée du cirque éternel, le royaume des animaux de cirque qui ont quitté la terre.

— Vous voulez dire… tous ces animaux vivent ici désormais ?

— Parfaitement. Depuis notre départ de Mola, beaucoup d'entre eux ont perdu goût à la vie sur terre. Alors, ils ont décidé de la quitter et de mener une nouvelle existence ici. Je suis leur maître ici, le temps de les initier à leur nouvelle vie, ensuite je repartirai rejoindre le cirque en tournée sur la terre en ce moment.

— Mais pourquoi ont-ils des ailes, comme des oiseaux ? demanda Bone intrigué.

— Pour mieux se déplacer. Ici la gravitation n'existe pas, alors quand ils sont arrivés, ils étaient maladroits, trop habitués aux lois terrestres. J'ai eu l'idée de leur donner des ailes pour qu'ils contrôlent leurs déplacements.

— Donc ici on ne tombe pas ?

— Impossible. La preuve, regarde. Hop ! »

Bone cria de surprise. Kim avait retiré d'un geste sec le vaste filet sur lequel il était debout, il était maintenant suspendu entre ciel et terre.

« Voilà, Bone, à présent tu peux voler comme tu as toujours rêvé de le faire. Tu es la Mouche d'or. À côté de toi, Kim n'est plus qu'un apprenti voltigeur. Frisco, apporte au Maître sa bicyclette magique, le grand spectacle va enfin commencer ! »

Ce qui se passa ensuite allait à jamais rester gravé dans la mémoire de Bone. Entre ciel et terre, Kim avait fait tendre une longue corde en métal, tenue aux deux extrémités par Java et Tirasissa. Frisco, hilare, se mit à la guitare et Hulk aux tambours et aux cuivres. L'orchestre improvisé joua l'éternelle musique du cirque, pleine de mystères et d'envoûtements.

Assis sur son filet transformé en coussin, Kim l'encourageait à franchir le pas. Ce que Bone finit par faire. Il traversa l'espace comme s'il marchait dans du coton, lentement d'abord puis rapidement. Il monta sur la corde raide, y déposa la bicyclette et l'enfourcha sous les applaudissements de Kim et les flonflons de l'orchestre. Puis il se mit à pédaler. La bicyclette à l'envers, il roulait sur la corde raidie entre la trompe de Java et le cou interminable de Tirasissa. Il roulait avec, à l'horizon de son regard définitivement inversé, les toutes petites lumières de la petite cité de Mola.

Un nouveau jour se lève sur Mola. Bone se réveille en sursaut. Debout au bord du lit, Carnélia sa maman le regarde d'un œil inquiet. Elle tient à la main une casquette rouge étoilée qu'elle vient de ramasser au pied du lit de son fils. En apercevant la casquette, celui-ci a un petit sourire intérieur. Il se demande ce qu'il va pouvoir répondre à sa mère qui ne manquera pas de lui poser la question sur l'origine de cet objet rouge et or dans la maison.

Khadi Hane

Romans

Sous le regard des étoiles (NEAS, 1998) ;
Le Collier de paille (Éditions Ndzé, 2002).

Théâtre

Il y en a trop dans les rues de Paris (Éditions Ndzé, 2005).

Nouvelles

Le Désarroi in *Je suis vraiment de bonne foi* (Éditions Ndzé, 2001).

Khadi Hane

La maison sur la colline

Elle était bâtie sur une colline et ne ressemblait à aucune autre maison. C'était une sorte de cahute en bois et nous l'avions baptisée « la maison enchantée ». Elle se penchait vers la mer avec ses vastes fenêtres qui faisaient entrer le vent frais et léger. Ses murs étaient hauts et son plafond en pointe semblait s'étirer à l'infini. Nous avions une grande pièce qui rassemblait la famille autour d'un feu pendant les nuits où il faisait froid. Maman y avait étalé des nattes avec de petits coussins brodés pour poser nos têtes. Nous n'avions pas beaucoup de meubles, elle n'aimait pas les objets inutiles. Elle préférait la chaleur de nos corps allongés sur les nattes, les uns aux côtés des autres, où chaque coussin exhalait nos odeurs. Dans les chambres, il y avait juste des lits, une armoire en bois et un panier en osier où nous rangions notre linge sale. Maman était sévère pour le rangement. Elle nous obligeait à faire nos lits dès le réveil et nous interdisait de laisser traîner nos affaires. Elle veillait à la propreté de la maison et ne pardonnait pas nos péchés de paresse. Ma sœur

Mouna et mes frères se faisaient souvent gronder quand ils désobéissaient aux règles maternelles. Moi, j'étais la plus petite et j'en profitais pour faire excuser mes oublis. Et puis, il y avait grand-mère Boolo. Elle me protégeait parce que j'étais sa préférée. Je n'étais pas une enfant gâtée-pourrie, comme on pourrait le croire. J'étais juste la dernière et cette situation me permettait de jouir de l'indulgence des adultes. N'allez pas croire que je n'étais jamais punie, au contraire. Quand il m'arrivait de faire des bêtises, maman me consignait dans ma chambre loin de la grande pièce où se retrouvait la famille et je n'étais pas autorisée à écouter les histoires que nous racontait grand-mère. Et ça, c'était une vraie punition.

À quatre-vingts ans, grand-mère n'avait plus de dents. Il ne lui restait que ses incisives avec lesquelles elle mâchait sa viande comme si elle s'en allait en guerre contre un gros morceau de caoutchouc. Elle aimait chiquer du tabac. Elle attendait la nuit, s'imaginant que tout le monde dormait, pour sortir sa tabatière de sa cachette. Elle enfonçait une bonne pincée de tabac au fond de sa joue, puis elle fermait les yeux et faisait semblant de somnoler. Quelquefois, elle fumait la pipe aussi. J'aimais l'odeur de sa bouche, une odeur de grand-mère, austère et douce, aigre et généreuse. J'aimais aussi son sourire. Édenté, il était vif et enchanteur. Quand elle riait, grand-mère penchait la tête en arrière, ses yeux brillaient, comme si elle allait chercher son souffle dans le regard qu'elle adressait au ciel. Mémé Boolo avait une voix magique et tout le monde l'aimait.

Notre maison ressemblait à une cabane de pêcheur. Elle se dressait, isolée, avec pour seul voisinage l'étendue bleue et les herbes sauvages qui poussaient autour d'elle, même si personne ne les arrosait. Le matin, les mouettes venaient chanter sous nos fenêtres. Nous avions aussi des pigeons qui sifflaient dès que l'aube arrivait. Le poulailler grouillait et le chef de la basse-cour se mettait à pousser son hymne à la vie. Nous n'avions pas besoin de réveil, dès que nous entendions leur chant, nous savions qu'il était l'heure de nous lever. La voix de maman accompagnait leur liesse matinale et nous prévenait que le petit déjeuner était prêt. Nous courions alors dans la grande pièce qui nous servait aussi de salle à manger. Après le repas, nous embrassions les parents et *mame*[1] Boolo avant d'aller à l'école. Nous empruntions un petit chemin de sable étroit qui s'ouvrait à l'entrée de la cour. Nous descendions la pente de la colline pour rejoindre la grande route qui menait vers le savoir. Nous revenions par le même chemin qui, au sommet de la grimpée, finissait devant notre maison. Dès qu'on ouvrait la porte, on se retrouvait devant le grand sapotier que papa avait planté le jour de ma naissance.

1. *Mame* : grand-mère en wolof.

Je suis née dans notre cahute en bois il y a quelques années.

Bébé, je ressemblais beaucoup à grand-mère. C'est d'ailleurs pourquoi mon père m'a donné son nom : Boolo. Et elle m'appelle Homonyme ; les autres m'ont surnommée *néné*, maman en peul.

J'ai oublié de vous dire que j'étais peule, une petite Peule de l'Afrique de l'Ouest, ce qui a son importance puisque grand-mère Boolo relatait toujours ses récits dans notre langue. Et elle en savait des choses, ma mémé ! Elle savait tout sur tout. Elle connaissait les noms de nos ancêtres, leurs histoires, les épopées des rois peuls, leurs mariages et même leurs divorces. Elle nous racontait aussi comment, petit, papa recevait une correction quand il n'obéissait pas à ses ordres. Et cela vexait mon père de nous entendre rire des bêtises de son enfance.

Notre maison avait trois chambres dont une que j'aimais en particulier. C'était celle de ma grand-mère Boolo. Elle était mystérieuse, elle distillait le parfum de ma mémé. Quand elle nous croyait endormis et qu'elle chiquait son tabac, je me faufilais jusqu'à son lit. Je me couchais à côté d'elle et je respirais l'odeur de son corps. Grand-mère Boolo ne bougeait pas. Elle continuait de faire semblant de dormir et, ainsi, je pouvais rester serrée contre elle jusqu'à ce que je sois ivre de ses parfums. Puis, je m'endormais ; et tous les matins, le chant des oiseaux me réveillait dans la chambre que je partageais avec ma sœur Mouna. C'est sûrement grand-mère qui me mettait dans mon lit.

Notre école était située au centre de la ville. J'avais une maîtresse très gentille qui enseignait l'histoire, la géographie, le calcul et l'écriture. Elle nous donnait aussi des leçons de morale et d'instruction civique. Elle nous parlait de ses voyages dans des pays très lointains où, comme elle disait, il faisait tellement froid qu'on pouvait laisser son poulet à la fenêtre et le retrouver congelé le lendemain. Quelquefois, elle nous racontait aussi des histoires : *Le Petit Chaperon rouge, Boucle d'or et les trois ours, Peau d'âne, Le Petit Poucet*. Des histoires comme ça qui nous faisaient rire et pleurer parce qu'on avait peur des ours. Elle nous disait que c'était des contes qu'elle avait lus dans des livres. Et puis un jour, elle m'a punie. Je lui avais demandé de nous conter les aventures de *Leuk*, le lièvre, de *Gaïndé*, le lion ou même de *Ndjambala*, la girafe. Je voulais aussi qu'elle nous parle de Soundjata Keïta, de Samory Touré et de Kankan Moussa, des rois africains qui avaient aussi leur histoire, mais elle s'est mise en colère et m'a envoyée au coin. J'ai compris plus tard que maîtresse Patricia ne savait pas tout. Heureusement que grand-mère Boolo m'attendait à la maison pour me dire les mésaventures des animaux de la brousse, m'apprendre les vertus des plantes de la forêt et me narrer les épopées des aïeux que personne ne citait. C'est comme ça que j'ai su qu'il y a des années, des Blancs venaient chez nous et volaient des Africains costauds qu'ils envoyaient ensuite dans ces pays froids dont parlait maîtresse Patricia. Puis, ils les vendaient à d'autres Blancs qui en faisaient des esclaves. J'appris aussi que bien plus tard, comme ils ne pouvaient plus vendre des êtres humains, les Blancs avaient envahi les pays d'Afrique et s'étaient installés en maîtres. Les indigènes les servaient dans une crainte totale. N'allez pas croire que tous les Africains étaient des lâches ! Au contraire, grand-mère m'a dit qu'il y en avait qui avaient refusé de se laisser asservir. Ils avaient organisé des révoltes et avaient formé des armées pour s'opposer aux envahisseurs. C'était le cas de Samory Touré qui, à partir de 1880, s'était heurté aux colons anglais et surtout aux Français. Il avait même réussi à défaire ces derniers lors de la bataille de Woyowayanko malgré l'artillerie lourde dont ils disposaient, c'était le 2 avril 1882. Ce qui le rendit très célèbre. Grand-mère Boolo m'a dit aussi que pendant la Seconde Guerre mondiale, des soldats africains avaient été recrutés. On les appelait les Tirailleurs Sénégalais. Ils venaient de tous les pays du continent : il y avait des Noirs et aussi des Arabes du Nord. Ils étaient allés se battre dans des pays très éloignés pour défendre la France. Et après la guerre, on avait installé certains survivants au camp de Thiaroye, au Sénégal. Ils ont réclamé les arriérés de leurs salaires mais les officiers français ont refusé de les payer. Alors, ils se sont mis en colère et ils ont séquestré un général qu'ils ont relâché après parce qu'il leur avait promis qu'on allait les payer. Mais, au lieu de recevoir leur dû, ils ont été mitraillés le 1er décembre 1944. La plupart de ces anciens combattants sont morts comme ça. Ceux qui avaient survécu au massacre ont été jetés en prison.

« Quelle histoire ! j'ai dit à grand-mère. Mais pourquoi la France ne voulait pas les payer ? Pourquoi elle les a bombardés alors qu'ils se sont battus pour elle ? »

Grand-mère Boolo n'a pas répondu. Elle ne savait pas pourquoi la France avait fait ça.

Dès qu'on sortait de notre maison, la mer nous tendait ses bras. Nous n'avions que cent mètres à parcourir pour plonger dans l'eau chaude et bleue. Et il y avait toujours un soleil éclatant qui la chauffait pour nous. J'aimais aller me baigner avec ma sœur et mes deux frères. Un jour, comme ils ne voulaient pas m'accompagner, j'y suis allée toute seule. Je me suis jetée à l'eau et j'ai nagé comme un poisson. Je me suis éloignée de la berge et, soudain, je me suis retrouvée très loin. J'étais au milieu de la mer et quand je me retournais, je ne voyais même plus la plage. Mais, je me suis souvenue des paroles de grand-mère :

« La mer est vaste et pleine de secrets, Homonyme. Si les hommes savaient tout ce qu'elle garde dans son ventre, ils ne se gêneraient pas d'aller le lui voler. »

Petite fille curieuse, j'ai voulu connaître ce que la mer cachait dans son ventre.

J'ai continué de nager. Je suis allée dans ses profondeurs et j'ai découvert un espace fantastique. J'ai vu des algues géantes et des poissons de toutes sortes et de toutes les couleurs. Il y en avait que je n'avais jamais imaginés avant. Ce qui m'a le plus émerveillée, c'est le paysage maritime : une flore magnifique. J'étais captivée. Je suis restée là à regarder ces belles choses, oubliant que j'étais dans l'eau. Et puis, je me suis rappelé que maman m'avait interdit d'aller nager toute seule.

Quand j'ai voulu retourner sur la plage, j'ai senti que mon pied droit s'était engourdi. Je n'arrivais plus à le bouger. Je ne pouvais plus nager. Je me suis mise à hurler. Personne ne m'a entendue, j'étais trop loin. J'avais peur et j'étais épuisée. J'ai commencé à pleurer en me disant que j'étais perdue. Heureusement, un pêcheur est passé par là dans sa pirogue. C'était un vieil homme avec des cheveux blancs et une barbe très longue. Quand il m'a vue, il a mis sa main devant sa bouche, puis m'a regardée longuement en écarquillant les yeux. Enfin, il a ramé vers moi et m'a attrapée par la tête. Il avait deviné que j'étais en train de me noyer. Il s'est penché sur l'eau et m'a tirée de toutes ses forces. Il a réussi à me hisser dans sa pirogue encombrée de filets de pêche et de seaux. Il m'a couverte avec des sacs en tissu, je crois que c'était des sacs de riz vides. Il m'a ramenée sur la plage où toute la famille m'attendait comme si le vieux pêcheur leur avait téléphoné pour les avertir. Nous n'avions même pas de téléphone !

« Oh, mon Dieu, a dit maman, qu'est-ce qui t'a pris d'aller toute seule dans la mer ? »

Je grelottais. Je pleurais aussi. Grand-mère m'a prise dans ses bras et m'a amenée dans notre maison. Elle m'a couchée dans son lit et elle est sortie me préparer un bol de chocolat chaud.

« Qu'est-ce qui t'a pris d'aller dans la mer ? elle a répété. Ne t'avais-je pas avertie des dangers de la mer ? Tu n'écoutes donc jamais ce que je te dis, Homonyme ? »

Je n'ai pas répondu. Je pleurais encore, mais parce que je savais que maman allait me punir.

« Je vais te raconter l'histoire de Mame Coumba Castel, la reine de la mer. Elle vit dans les profondeurs. On ne peut pas troubler son sommeil sans sa permission, sinon elle se fâche et ses colères sont ravageuses. Avant de lancer leurs pirogues, les pêcheurs, maîtres de l'eau, font des sacrifices à la mer. Ils offrent des présents à Mame Coumba Castel pour l'adoucir. Elle est féroce avec ceux qui entrent dans son territoire sans l'avertir. Avec les cadeaux, elle est prévenue que les pêcheurs s'apprêtent à larguer les amarres. Et si elle est d'accord, la mer reste calme et bleue, la marée est basse. Mais si elle ne veut pas qu'on la réveille, elle pousse un long grognement que personne ne peut entendre. Alors, la mer devient trouble, l'eau est obscure et on peut voir les reflets de ses avertissements sur les vagues. Les pêcheurs sont obligés de remettre leur visite à un autre jour. C'est pareil pour les simples nageurs : ils doivent gagner la confiance de Mame Coumba Castel avant de se jeter à l'eau. Toi, petite sotte, tu es allée déranger cet esprit sans sa permission ! Qu'est-ce qui t'a pris ?

— Je voulais connaître le secret de la mer, j'ai répondu en pleurant.

— Ne t'avise jamais de recommencer, a prévenu mémé Boolo, cette fois-ci, tu as eu de la chance en tombant sur ce vieux pêcheur. La prochaine fois, tu regretteras d'y être allée. »

Je n'ai rien dit. J'avais compris la leçon. Et puis, j'ai eu tellement peur que j'ai juré à grand-mère que plus jamais je n'irais me baigner.

Mémé Boolo me disait souvent : tout ce que je te raconte, je le tiens de ma grand-mère. Elle s'appelait Boolo aussi comme toi et moi. Tu sais, les grands-mères ont toujours des choses à apprendre à leurs petits-enfants. Nous savons beaucoup de secrets grâce à notre âge. Un jour, tu te marieras et tu auras des enfants, tes enfants auront les leurs aussi. Quand tu seras aussi vieille que moi, à ton tour, tu conteras mes histoires à tes petits-enfants pour que jamais le lien ne se brise.

Moi, j'étais aux balbutiements de mon existence, ça me paraissait tellement loin. Comment pourrais-je avoir l'âge de grand-mère ? Je la regardais, stupéfaite, et je murmurais à son oreille :

« Tu as quel âge, grand-mère ? »

Elle souriait parce qu'elle ne savait pas son âge. Elle était vieille, ma mémé, je n'avais pas assez de doigts pour compter son âge. Elle était quand même la maman de mon papa ! Et papa était vieux aussi.

Et puis, le temps a passé.

J'habite toujours la cahute en bois. Des mouettes s'arrangent pour venir chanter à nos fenêtres. Les pigeons ont vieilli, ils sont remplacés par leurs petits-fils qui soufflent aussi leur air de paix. Le coq a eu des petits qui à leur tour ont fait des enfants. Ça grouille dans le poulailler.

La mer est là qui nous tend ses bras. Mame Coumba Castel se repose toujours dans ses profondeurs. Les arrière-petits-enfants du vieux pêcheur à la longue barbe lui font des offrandes avant de lâcher leurs barques sur les vagues.

Rien n'a changé, à part ma famille. De nouveaux visages ont remplacé les anciens. Le souffle de grand-mère Boolo est resté intact dans sa chambre qui sent encore les effluves de son tabac et le goût sucré de sa bouche.

Aujourd'hui, quand je marche dans la rue, je me retourne toujours sur le visage des enfants que je croise. Je retrouve en eux le sourire édenté de mémé Boolo. Je revois ses yeux pétillants qui chauffaient mon cœur. Et alors, je me dis : elle avait raison, grand-mère.

Maintenant, c'est à mon tour de donner la magie à la nature. C'est pourquoi, assise sur le rebord de la vie, je vous ai raconté les histoires de mon enfance. Un jour, ce sera à vous de les transmettre à vos petits-enfants.

Michel Cadence

Romans

Ségalière (Éditions Ndzé, 1999) ;
Le Fils de Shaïtané (Éditions Ndzé, 2004).

Nouvelles

Les Mémoires d'un fétiche barbu (Éditions Ndzé, 2005) ;
Les Pélopées de Vieux-Koffi in *Le Huitième Péché* (Éditions Ndzé, 2006).

Pédagogie

Annales mathématiques pour le CAP d'instituteur (CEDA, 1982) ;
Préparer le concours d'inspecteur (NEA, 1983) ;
La Pratique du naneau réseau (RDI, 1987).

Michel Cadence

LA POINTE DENIS

Denis vivait dans un beau village perché au sommet d'une colline entourée de grands arbres. Allongé dans l'herbe, il regardait au loin un voilier trois mats qui entrait majestueusement dans l'Estuaire.

« Denis ! »

Son sang s'est glacé. Il avait reconnu la voix rauque de celui qui criait son nom comme s'il avait lancé une injure. C'était Okasou, le gros chef du village.

« Denis ! Espèce de paresseux ! Lève-toi quand je te parle ! »

À la façon dont Okasou mangeait les mots au fur et à mesure qu'il les disait, Denis comprit que le chef était encore ivre. Il avait dû boire une pleine calebasse de vin de palme.

« Denis ! Va me chercher ta grande sœur, et dis-lui de me rapporter de l'eau ! »

À ces mots, Denis sentit sa crainte se transformer en colère. Mais de quel droit ce vieil ivrogne se permettait-il de leur donner des ordres ? Sa famille était respectable, et respectée. Il se leva d'un bond, regarda Okasou dans les yeux, et osa lui répondre :

« Ma sœur n'est pas ton esclave ! »

À ces mots, le Chef brandit sa canne et Denis s'enfuit dans les hautes herbes. Son cœur battait. Il s'est retourné, mais Okasou était trop ivre pour pouvoir le suivre. En courant, et sans s'arrêter, Denis a traversé la forêt jusqu'à la rivière qui serpente paresseusement au pied de son village. Il est allé droit vers un grand badamier qui surplombe l'eau. Sans hésiter, il a grimpé dans l'arbre qu'il connaissait bien : c'était sa cachette favorite.

Confortablement assis sur une grosse branche, il s'est mis à réfléchir à sa situation ; elle n'était pas brillante. Il venait de faire une grosse bêtise. En offensant le chef de son village, il l'avait humilié, et même s'il n'y avait eu aucun témoin, l'autre n'allait pas lui pardonner si facilement. Qu'allait-il devenir ?

Près de la rive d'en face, on apercevait deux narines qui sortaient à peine de l'eau. Le spectacle familier d'un hippopotame qui prenait son bain ne l'a pas distrait de ses tristes pensées.

Le soleil envoyait ses reflets rouges à travers les feuilles luisantes du badamier, annonçant que la nuit allait tomber. Denis n'avait toujours pas pris de décision. Devait-il rentrer au village ? S'enfuir ? Et pour aller où ? Il était si jeune !

« Denis… Tu es là ? »

Il sursauta.

« Denis, réponds-moi, si tu es là… »

Sa grande sœur ne parlait pas, elle chuchotait. Il s'est penché et a pu l'apercevoir qui se tenait accroupie au pied de son arbre. Elle était sur ses gardes : elle craignait qu'on la voie et ne voulait pas trahir Denis.

« Monte » lui a-t-il dit.

Sa sœur était aussi agile que lui. En un instant, elle s'est retrouvée assise à ses côtés.

« Qu'est-ce que tu as encore fait ? lui a-t-elle reproché.

— Mais, rien !

— Comment ça, rien ? Tout le village est en ébullition. Tout le monde te cherche, et surtout, le chef Okasou. Il ne décolère pas… Alors ? Tu as quand même fait quelque chose.

— C'est parce qu'il voulait que tu ailles chercher de l'eau.

— Moi ? Mais qu'est-ce que j'ai à voir dans cette affaire ?

— Il m'a ordonné d'aller te chercher.

— Aïe aïe aïe ! J'ai compris. Tu as osé lui répondre ?

— Oui.

— Mais pourquoi ? Il est le Chef, il a le droit de faire ce qu'il veut !

— Justement, non ! »

Les yeux de Denis brillaient de colère.

« Non ! Il n'a pas le droit de nous faire travailler à son service. Notre famille est libre.

— Denis, tu es un révolté… Tout ça pour un peu d'eau. Ça n'aurait pas été la première fois que je lui aurais rendu ce petit service.

— Qu'est-ce que je vais faire, maintenant ? Je rentre au village ?

— Je n'en sais rien ! Tu ne te rends pas compte. Mon pauvre Denis, a-t-elle poursuivi, des larmes plein les yeux. Le Chef a dit à tout le monde que tu l'avais insulté !

— Les autres ont bien dû voir qu'il était saoul ?

— Ils ont fait comme d'habitude, ils ont fait semblant de ne rien voir. Denis, mon petit frère, c'est beaucoup plus grave que tu ne le crois. Il y a un bateau qui est arrivé cet après-midi. Un Blanc est monté jusqu'au village. Il a discuté avec Okasou. Ils se sont mis d'accord sur le prix.

— Le prix de quoi ?

— Mais de toi !

— Papa est au courant ?

— Bien sûr.

— Qu'est-ce qu'il a dit ?

— Rien ! Il a trop honte. »

À ces mots, Denis a senti son sang se retirer de son corps. Sa peau frémissait, et il s'est mis à trembler comme s'il avait une crise de paludisme. Sa sœur a passé son bras autour de son cou, et l'a serré contre elle. Ils pleuraient tous les deux. Denis s'est dégagé doucement.

« Regarde, il fait presque nuit, a-t-il dit. Il faut que tu rentres au village, sinon tu devras traverser le bois dans le noir, et l'homme panthère va t'enlever.

— Et toi, qu'est-ce que tu vas faire ? Viens avec moi…

— Non, jamais !

— Qu'est-ce que tu peux faire d'autre ?

— Jamais, affirma-t-il d'une voix ferme, je n'irai jamais dans leur bateau ! »

Resté seul, Denis a senti le poids de la fatigue tomber sur ses épaules. Il avait faim, il avait soif, il avait froid. Un moment, il a pensé passer la nuit dans son arbre. Puis il s'est dit que le Chef allait lancer les hommes du village à sa recherche. Ce badamier était bien vieux. Depuis combien d'années servait-il d'abri aux enfants ? Les autres devaient le connaître. Non, son refuge n'était pas sûr. Mais aller où ? Il faisait si sombre qu'il ne voyait même plus l'eau en dessous de lui.

Denis est redescendu à tâtons de son arbre. Il connaissait bien la rive. Un petit sentier longeait la rivière, qu'il empruntait souvent, quand il allait à la pêche avec son père. Mais dans le noir, il ne reconnaissait plus rien du tout. Il butait contre les racines des palétuviers. Soudain, son pied a heurté une bûche. Il a senti comme un mouvement tout à côté de lui. Il a bondi en arrière quand un grand clac a résonné si près que la mâchoire du crocodile a emporté un morceau de son pagne.

Denis était terrorisé.

Il s'est approché de l'eau. Il avançait accroupi, les mains en avant. Il a sursauté. Il venait de sentir un morceau de bois sous ses doigts. Prudemment, il a avancé d'un pas. C'était une vieille pirogue à moitié pourrie, une de celles qu'on creuse dans le tronc d'un jeune okoumé pour la donner aux enfants. Elle était pleine d'eau. Il s'est arc-bouté pour la renverser. Elle était collée dans la vase. Il y a mis toutes ses forces, et enfin, elle a cédé. Il n'avait pas de rame, et dans l'obscurité, il n'avait aucun moyen de trouver ne serait-ce qu'une branche pour la guider. Tant pis ! Il devait faire confiance à ses ancêtres, ils le protégeraient… Il a redressé la pirogue, est monté dedans, et d'un coup de pied sec, l'a éloignée du rivage.

Elle a aussitôt été prise par le courant.

Un petit croissant de lune a eu la bonne idée de se lever. Denis apercevait la mangrove qui défilait sous ses yeux. Il se sentait mieux. Oh ! Il savait qu'il était mal parti : il ne pouvait pas diriger sa barque, et elle fuyait vers l'Estuaire, avec ses vagues, ses courants, ses remous et ses requins. Mais au moins, se disait-il, il s'éloignait du village.

Un monstre surgit de l'eau, crachant et éclaboussant tout autour de lui, dans une vague énorme. La pirogue s'est penchée ; elle n'a pas coulé, mais c'était tout comme : elle était aux trois quarts pleine d'eau. L'hippopotame a regardé l'enfant, il a ouvert sa large gueule, puis il s'est mis à nager tranquillement vers le rivage. Trempé, Denis s'est mis à écoper avec ses petites mains. Devant tant de malchance, il était désespéré.

Il entendait des vagues rouler. Il savait qu'il arrivait à la sortie de la rivière, là où elle se jette dans l'Estuaire. Il connaissait les remous, pour les avoir franchis avec son père. Dans le triste état où se trouvait sa pirogue, il n'avait aucune chance de réussir à passer le clapot. Pire, une fois au milieu du mascaret, il ne pourrait pas nager. Plus le temps de tergiverser. Il s'est jeté à l'eau pour regagner l'autre rive. Il nageait le plus vite qu'il pouvait : il imaginait les crocodiles, les barracudas, les requins et tous les monstres qu'il ne connaissait pas encore qui devaient l'entourer.

Quand elle apparaissait entre les nuages, la lune éclairait assez pour qu'il puisse marcher. Mais pour aller où ? Denis savait qu'il ne pouvait pas rester au bord de la rivière, les autres le retrouveraient, et il aurait fait tous ces efforts pour rien. S'enfoncer dans la brousse ? C'était l'inconnu total. Il s'est assis sur le sable.

Il a sursauté. Une infime odeur de bois brûlé venait de toucher ses narines. D'un côté, elle lui rappelait qu'il avait faim. Mais surtout, elle disait qu'il y avait quelqu'un, pas très loin. Il ne connaissait aucun campement de pêche par ici, encore moins de village. Il a décidé d'en savoir plus. Il n'avait qu'à suivre le vent. Le problème, c'est que les palétuviers formaient comme un mur devant lui. Les racines et les branches s'enchevêtraient d'une manière inextricable. Heureusement, la marée était basse et il pouvait longer cette barrière à la recherche d'un passage.

Soudain, il a vu comme un tunnel au milieu des branches. Il hésitait : il pouvait à peine y passer, lui qui était si petit, alors comment un adulte aurait-il pu l'emprunter ? Il n'avait pas le choix, il s'y est engagé à quatre pattes. Après quelques mètres, le passage s'est élargi, et il a pu avancer debout. L'odeur de fumée se faisait de plus en plus précise. Floc ! floc ! Il marchait maintenant dans une flaque d'eau. Très vite, il a dû nager pour continuer. Au-dessus de sa tête, la végétation s'est ouverte ; une petite lagune s'étendait devant lui, dont il n'avait jamais soupçonné l'existence.

Il était tenaillé par la peur. Quelles sortes d'animaux pouvaient vivre dans cet endroit ? Il longeait le bord, moitié marchant, moitié nageant. Au détour d'un buisson, il a eu la surprise de découvrir une case. Au milieu de l'eau ! Il n'avait jamais vu ça, il ne savait même pas que ça pouvait exister. Quel drôle de génie pouvait vivre là ? La maison était posée sur des bouts de bois plantés dans l'eau.

Denis s'en est approché. Sans un bruit, il s'est hissé le long d'un pilotis. Il restait là, immobile, à quatre pattes sur les planches mal jointes qui craquaient un peu. Deux petites billes vertes le fixaient. Brusquement, le python s'est dressé en face de lui. La stupeur passée, Denis a sauté à l'eau dans un jaillissement d'écume.

« Alors, mon petit, on se promène la nuit ? »

La voix était celle d'un homme âgé, avec des accents moqueurs, mais aussi une grande douceur. Denis, qui avait bu la tasse dans sa chute, essayait de reprendre son souffle. Il saisit la main qui se tendait vers lui et qui le propulsa de nouveau sur le plancher. Il chercha le serpent des yeux, mais ne vit rien.

« Tu ne le verras plus cette nuit, dit le vieil homme, tu lui as fait peur.

— Moi aussi, j'ai eu drôlement peur !

— Mais, tu ne sais pas reconnaître un python ?

— J'en ai vu souvent, en suivant mon père à la chasse.

— Et il ne t'a pas dit qu'il était gentil, surtout avec les enfants ?

— Si, mais…

— Mais tu n'en fais qu'à ta tête, et c'est pourquoi tu t'es enfui.

— Non… Enfin oui… un peu… »

Et Denis raconta au vieillard la raison de son équipée. L'homme hochait la tête. Ses yeux s'embuaient.

Ce que lui racontait Denis lui rappelait quelque chose. Il expliqua à l'enfant que sa fugue le condamnerait à mener une vie solitaire. Toujours sur ses gardes, toujours traqué. Il parlait avec tant de conviction que Denis avait l'impression qu'il lui détaillait des souvenirs.

« Vous me conseillez de rentrer au village ?

— Tu n'as rien de mieux à faire.

— Mais ils vont m'emmener ?

— Oui, sûrement. Je ne connais pas Okasou, mais j'ai bien connu son grand-père… Et, s'il lui ressemble, il n'a jamais fréquenté le pardon.

— Je ne veux pas partir.

— Et pourquoi ?

— Parce que je ne veux pas !

— Est-ce que tu sais ce qui t'attend ?

— Non, je n'ai jamais entendu dire que quelqu'un en soit revenu.

— Alors, qui te dit que c'est si mauvais ? C'est comme la mort, on ne sait pas ce qu'il y a après, mais on peut espérer.

— Si c'est bien, après, pourquoi ils attachent ceux qu'ils emmènent ?

— Je n'avais pas appris à parler que tu savais déjà répondre ! s'esclaffa le vieil homme. Tu as peut-être raison. Sans doute, même. Mais as-tu le choix ?

— Et vous, qu'est-ce que vous feriez, à ma place ? »

L'homme hocha la tête.

« Je fuirais. Oui, j'ai fui… Mais tu le regretteras.

— Je peux rester avec vous ? Je sais me rendre utile, vous aider à remonter le filet…

— Je ne pêche pas.

— Chercher le gibier blessé dans les racines, là ou même un chien ne sait pas aller…

— Je ne chasse pas.

— Chercher de l'eau à la source…

— Je ne bois pas. »

Denis a hoché la tête, l'homme n'était pas accommodant.

« Vous faites quoi, alors ?

— Tu es un peu trop curieux ! Mais, puisque tu veux savoir, et que je sais ton entêtement, je vais te montrer. Regarde. »

Il souleva un pagne, et Denis aperçut tout un fatras au fond de la pièce ; des calebasses, des peaux, des os, des crânes d'animaux, et même de singe… À moins que ce ne soient…

« Vous êtes sorcier ! » dit joyeusement Denis.

Depuis le temps qu'il voulait en rencontrer un… Oh, il savait que certains, au village… mais ils ne s'en vantaient pas.

« Non ! et le vieil homme riait à pleine gorge. Au moins, tu n'as pas froid aux yeux ! Non, les sorciers, personne ne peut les connaître. Un voisin, ton oncle, et même ton père pourraient…

— Non ! Pas mon papa !

— Si tu veux. En tout cas, moi, je suis nganga. Je desserre le jour les nœuds tressés par les sorciers la nuit.

— Alors je peux apprendre !

— Ah ! on peut dire que tu es têtu. Je ne sais pas si je peux te faire confiance ? »

Et les yeux du vieillard scrutaient ceux de Denis.

« Je vais te donner une chance. Tu vas découvrir un secret. Suis-moi. Et surtout, fais tout comme je fais. »

L'homme tira sur une corde, et une pirogue moustique apparut. Il lança une musette bien pleine dedans, poussa Denis puis s'allongea. Seules ses mains dépassaient des bords et battaient doucement l'eau. Un mur de branchages se dressa devant eux. Les basses branches de la mangrove défilèrent juste au-dessus de leurs têtes, et ils franchirent l'obstacle.

Comme chaque soir, le vent s'était calmé, et l'Estuaire ressemblait à un lac. Le vieillard saisit une pagaie, Denis fit de même. Une mélopée s'échappait comme un sanglot de la gorge du vieil homme, qui leur donnait le rythme. Bientôt, l'autre rive du fleuve fut en vue. Denis n'était jamais venu : elle était si loin du village, qu'on ne l'apercevait que si la brume avait été dissipée par un gros orage.

Un bouillonnement fit danser la pirogue. L'eau fusait de tous les côtés en geysers. Le hurlement d'une femme déchira la nuit. Denis était figé de stupeur. L'homme ouvrit calmement une petite poche pendue à son cou. Il lança un cauri dans l'eau. Le tumulte s'apaisa, puis le même cri jaillit des profondeurs. Le nganga vida une minuscule calebasse dans l'eau, et Denis eut juste le temps d'apercevoir une tache blanchâtre dans leur sillage. Dès qu'ils accostèrent le sable fin, Denis posa la question qui lui brûlait les lèvres depuis leur rencontre avec la « chose » :

« Tonton, c'était quoi ? »

L'homme lui plaqua une main sur la bouche. De l'autre, il désigna l'eau. Denis avait compris : Elle était encore là. Il suivit son nouvel ami en silence. La lune éclairait le cap qui séparait le fleuve de l'océan. Même de nuit, on voyait que les eaux ne se mélangeaient pas. Ils s'assirent sous un jeune cocotier, et le nganga décalotta une noix d'un coup sec de sa machette. Il la tendit à Denis qui se souvint qu'il avait soif et faim.

Soudain, des monstres énormes ont surgi de l'eau, qui se sont traînés sur le sable, dans leur direction. Déjà Denis s'était levé, prêt à fuir.

« Tu n'as jamais vu de tortues ?

— Si, mais… mais… », bredouilla Denis.

Il n'arrivait plus à parler : il avait eu tant d'émotions, cette nuit, qu'il s'attendait à tout, et même au pire.

« Regarde bien, ce que tu vas voir est unique », chuchota le nganga.

Les tortues évidaient d'énormes excavations dans la petite dune en bordure de la plage.

« Elles creusent presque jusqu'au sable mouillé. »

Denis était si proche d'elles qu'il entendait leur souffle rauque quand elles expulsaient leurs œufs. Malgré leur épuisement, les tortues rebouchaient soigneusement les nids, puis regagnaient l'eau.

« Grâce à elles, tu pourras survivre. Il te suffira de récolter quelques œufs, puis d'aller les déposer dans un endroit que je vais te montrer, et les gens te donneront en échange de la nourriture, et même du vin de palme. Mais ne touche jamais au vin ! Tu me le jures ?

— Oui, Tonton. »

Denis jubilait : le nganga avait décidé de l'aider. Une chose, pourtant, le tourmentait :

« Mais, c'est si facile ! Pourquoi ils ne viennent pas les chercher eux-mêmes ?

— Tu n'as donc pas compris ? Ils ne peuvent pas : Elle est là qui protège les tortues. Si quelqu'un s'en approche, Elle fera chavirer sa pirogue, et Elle l'emmènera.

— Mais, qui, “Elle” ? »

L'homme posa ses lèvres sur l'oreille de Denis.

« C'est m… »

Il ne put finir le mot : le hurlement retentit, tout proche, la mer se souleva comme s'il y avait une tornade. Les branches des cocotiers fouettaient les visages du vieillard et de l'enfant.

Denis hurla pour se faire entendre :

« Dans ces conditions, moi non plus, je ne reste pas ! Je préfère rentrer au village et partir dans le bateau. »

L'homme lui saisit la main et le força à se rasseoir. Aussi brusquement qu'elle était venue, la tempête se calma.

« Est-ce que je me suis trompé, sur toi ? Je t'avais jugé courageux, et même plus. Et au premier petit problème, tu veux fuir.

— Tonton, ce problème-là, il n'est pas petit ! Moi, je t'ai demandé de m'aider, mais…

— Mais quoi ? Mon petit, je ne te veux que du bien. Tu ne risqueras rien. Je t'ai dit que je vais te révéler un secret ? C'est le moment. Écoute bien, regarde ce que je fais. Tu feras comme moi, et Elle ne te maltraitera jamais. Au contraire, Elle peut être très gentille. Tu le sauras quand tu seras plus grand. J'ai pris dans cette musette que je vais te laisser tout ce dont tu auras besoin. Tu sais comment on fait une case ?

— Oui, avec la terre jaune et la paille.

— Bon, tu t'aménageras un abri, et petit à petit à petit, tu t'organiseras. Mais attention, choisi un endroit à l'abri des yeux des bateaux, à la limite de la forêt, sinon…

— Mais, et les bêtes ? Je ferai comment pour me défendre ?

— Il n'y a que des gazelles, ici. Les seuls animaux vraiment méchants que tu rencontreras, ce sont les moustiques.

— Ceux-là, je les connais.

— Et puis, je ne t'abandonne pas, je viendrai souvent. Moi aussi, j'ai besoin des œufs de tortues pour mes remèdes. Tu me les vendras ?

— Oh ! Tonton ! »

Denis avait-il le choix ? La peur, il l'avait, bien sûr, Mais la colère aussi, et même la révolte. Ce brigand d'Okasou. Un jour, il se vengerait. Et puis il y avait le nganga. Denis avait confiance en lui.

Le vieillard prit ce qu'il fallait. Denis reconnut une petite calebasse semblable à celle utilisée en franchissant l'Estuaire. Chaque objet, chaque geste, il le grava dans sa mémoire : sa survie en dépendait. Le rite fut accompli et les offrandes acceptées.

« Maintenant, tu es sous sa protection, je peux te laisser. »

Le vieil homme poussa la fine pirogue vers le large, puis monta dedans avec une agilité que son âge n'aurait pas laissé supposer, et, sans un au revoir, s'évanouit dans la nuit. Denis ramassa la musette ; la gorge nouée, mais avec une rancœur bien épaisse qui lui tenait chaud au ventre, il se dirigea vers la forêt.

Quand vous viendrez à Libreville, montez sur la colline qui borde la Lowé. N'ayez pas peur d'engager la conversation, là les gens sont accueillants. Ils vous montreront les ruines de ce qui fut jadis un grand village. Si vous avez de la chance, vous apercevrez l'autre rive de l'Estuaire, perdue dans la brume. On vous expliquera qu'elle est à plus de quinze kilomètres. Et si vous voulez savoir comment se nomme le cap qui fait face à la ville, on vous dira : « la pointe Denis ». Surtout, ne demandez pas pourquoi. Ces braves gens vous répondraient, comme à moi :

« C'est une trop longue histoire. »

Sami Tchak

Romans

Femme infidèle (Nouvelles éditions Africaines de Lomé, 1988) ;

Place des Fêtes (Gallimard, 2001) ;

Hermina (Gallimard, 2003) ;

La Fête des masques (Gallimard, 2004), Grand prix Littéraire de l'Afrique Noire en 2004.

Essais

Formation d'une élite paysanne au Burkina Faso (L'Harmattan, 1995) ;

La Prostitution à Cuba (L'Harmattan, 1999) ;

La Sexualité féminine en Afrique (L'Harmattan, 1999) ;

L'Afrique à l'épreuve du sida (L'Harmattan, 2000).

Sami Tchak

Une très bonne nouvelle

Oncle Salami est mort, c'est cousin Oumar qui est venu le dire à maman. Il est venu ce matin même, le soleil venait à peine de sortir de derrière la montagne. Le village s'animait de plus en plus après la première prière de l'aube. Cousin Oumar était venu à pied, le bas de son pantalon était mouillé, parce qu'il avait emprunté un petit sentier. La rosée, le matin, ah, vous savez, la rosée, même l'herbe s'en plaint. Des dizaines de mouches l'avaient accompagné, elles se posaient sur ses cheveux et sur son visage. Quand je l'ai vu entrer dans notre vestibule, j'ai tout de suite compris que quelque chose de douloureux s'était produit. Toute la famille, mes sœurs, mes frères, notre père et notre mère, tout le monde s'était levé. Des mots de bienvenus timides. Ensuite, cousin Oumar a souhaité parler en aparté avec papa, ils sont entrés dans le salon de celui-ci.

Dix minutes plus tard, ils sont revenus dans la cour de la concession où deux poules et leurs poussins picoraient le grain. Notre père a ensuite appelé, d'une voix calme, maman qui soupirait depuis un moment. « Un malheur, n'est-ce pas ? Un malheur ? Je sais que c'est un malheur ! » Elle s'est mise à pleurer. Quand elle est entrée dans le salon, mes sœurs, mon frère et moi avons entouré cousin Oumar. « Qui est mort ? » lui ai-je demandé. Surpris par ma question, il leva les mains vers le ciel, puis, au moment où ses yeux allaient croiser les miens, il les ferma. « Ton oncle Salami, il est mort dans la nuit. Que Dieu ait son âme. » Au même moment, maman venait d'apprendre la nouvelle, la même nouvelle, elle poussa alors un cri, un cri effroyable de bête. Tout le monde dans la famille, excepté papa, toujours maître de ses émotions, tout le monde donc se mit à pleurer.

Le village fut rapidement mis au courant de l'événement. Cousin Oumar était reparti depuis une heure environ. Mon père devait aller assister à l'enterrement, accompagné de quelques hommes de notre village. Maman, qui venait de perdre son dernier frère, était inconsolable. Elle devait se rendre, elle aussi, dans le village du défunt, son village natal à elle, où elle resterait jusqu'aux funérailles du quarantième jour. Nous étions alors cinq enfants, notre sœur aînée, le frère puîné, moi le troisième et mes deux petites sœurs. J'étais le préféré de notre mère, alors que papa avait, lui, une préférence trop visible pour notre aînée qui lui ressemblait comme les traces du même fauve dans la boue. J'étais donc sûr que maman allait me demander de l'accompagner. C'est ce qu'elle fit en effet.

Et dire que j'avais déjà décidé de passer une partie de mes vacances chez oncle Salami ! Cette année-là, j'avais été encore le meilleur élève de ma classe, le directeur de l'école m'avait offert trois cahiers et deux crayons. « Tu iras loin, toi », m'avait-il dit. Avec de tels mots, je ne pouvais que bien commencer mes vacances. Mais avec la mort de l'oncle Salami, les choses allaient avoir un goût amer. L'ombre du mort allait planer sur mes joies. « Ah, fichues vacances, je vais vous terminer en larmes », me dis-je en m'habillant pour accompagner maman.

Nous quittâmes notre village à 9 heures. Mon père et trois autres parents étaient déjà partis à vélo. Dans mon rôle d'homme – j'avais alors douze ans –, je marchais devant, avec une machette à la main, ma mère Alima me suivait, ses bagages sur la tête. Par moments, je m'arrêtais pour m'assurer qu'elle me suivait de très près, qu'elle ne s'était pas écroulée quelque part de chagrin. Non, elle me suivait, reniflant. Pas le moindre mot entre nous.

Quelques oiseaux égayaient la brousse de leurs chants variés ou s'envolaient des arbres à notre approche. Je me rappelais le dernier séjour que j'avais passé chez oncle Salami, cet homme grand, beau, riche vendeur de moutons, qui avait dix enfants et deux femmes. Il aimait faire le tour du village de Kédji avec sa mobylette, sur laquelle il me remorquait. Il montrait à tout le monde le signe le plus éclatant de sa richesse, la mobylette, le rêve de tous les autres paysans. Les mauvaises langues disaient que plus que sa beauté, c'était sa mobylette qui lui attirait l'attention indiscrète des femmes mariées et des jeunes filles à marier. Il était, pour toutes, l'homme idéal.

Tout le monde lui devait de l'argent. Tout le monde sans exception. C'était un homme généreux, prêtant avec sourire et réclamant son dû avec une extrême politesse. Même s'il savait que les gens abusaient de sa bonté, il restait convaincu que Dieu lui avait donné certains privilèges pour qu'il les partage avec les plus démunis.

Mort, oncle Salami, mort ? J'avais du mal à croire qu'il était réellement mort, j'avais du mal à croire qu'un homme comme lui pouvait mourir. Et j'avais surtout du mal à croire qu'il pouvait accepter de rester couché là, devant tout le monde, sans bouger, se laisser laver, mettre sous terre, enveloppé d'un simple linceul découpé, comme l'exige l'islam, dans de la percale blanche. Non, la mort ne pouvait pas s'en prendre à lui, ce n'est pas possible.

Maman a buté contre un caillou et a failli tomber, mais elle ne s'est pas plainte. Cette femme s'est rarement plainte. Pourtant, Dieu seul sait combien elle aurait eu raison de se plaindre chaque jour, la pauvre ! Elle encaissait tout sans la moindre révolte, comme si elle avait été créée pour subir, comme si son bonheur ne pouvait dépendre que de sa soumission, de sa résignation. J'aurais pu considérer cela comme du courage, mais j'avais l'impression que c'était plutôt de la lâcheté.

Après deux heures de marche, nous parvînmes au village de Kédji, très calme. Même les chiens avaient saisi la portée de l'événement et renoncé à aboyer comme ils le faisaient d'habitude. On aurait dit que la mort d'une seule personne avait entraîné celle de toute la localité. La maison de l'oncle Salami, la plus belle et la plus confortable de Kédji, une grande maison rectangulaire peinte en blanc, avec une toiture de tôle, entourée d'un mur de briques de terre séchée d'un mètre de hauteur, la maison de l'oncle Salami donc, un peu à l'écart du village, près de la rivière Kili, était le seul lieu animé. Tout ce qui était encore vivant s'y était donné rendez-vous. Pleurs, cris… Oui, le défunt était aimé. Les gens étaient venus de tous les villages environnants pour lui dire adieu.

Un détail m'avait frappé que maman n'avait pas remarqué, elle, la pauvre était toute à sa douleur : le monde entier avait disparu de son esprit pour se réduire au seul cadavre de son frère qu'elle s'apprêtait à affronter. Car, à partir du moment où elle le verra étendu dans son lit ou sur une natte, elle perdra ses dernières illusions, celles qui vous restent quand vous apprenez la mort d'un proche : il va se réveiller, oui, il va se réveiller, un miracle reste toujours possible. Quand elle sera face au cadavre de l'oncle Salami, elle ne croira plus au miracle. Je disais qu'un détail m'avait frappé : sous les orangers derrière la maison de l'oncle Salami, il y avait des bœufs mis à l'attache. Plusieurs bœufs, peut-être vingt, peut-être trente, peut-être même plus.

D'où venaient-ils et pourquoi ? L'oncle est mort il y a seulement quelques heures. Ce n'est quand même pas lui qui a fait venir tous ces bœufs comme s'il avait souhaité que ses funérailles soient une grande fête ? Mais qui d'autre que lui a pu réunir autant de bœufs ?

Ce détail avait pris dans ma tête plus de place que l'imposant cadavre de l'homme puissant qui aimait me prendre sur ses genoux comme si je n'avais toujours été à ses yeux que le bébé ou le nourrisson de sa petite sœur, son unique petite sœur.

Lorsque nous parvînmes dans la cour du défunt, la vue de tout ce monde éploré me poussa moi-même aux larmes, alors que maman, qu'une femme avait déchargée de ses bagages, s'était jetée sur le sol en s'arrachant les cheveux. L'imam du village, un autre homme dont le calme m'avait toujours impressionné, tentait de lutter contre l'ardeur des pleureuses. « Il est mort, il n'a plus rien à voir avec nous, il est face à Allah, il répondra de ses actes. Vos larmes ne peuvent que lui nuire, elles se transforment en laves qui lui brûlent l'âme. » Il parlait avec une telle conviction que je me sentis coupable de contribuer au calvaire de l'oncle, mais je ne pouvais pas non plus arrêter le flot de mes larmes. Maintenant et maintenant seulement, je m'apercevais que cette mort était une grande perte pour moi. Une partie de mon monde s'était écroulée.

Au bout d'un moment, j'étais tombé dans un trou noir. L'évanouissement, ah, vous savez, c'est une petite mort, dit papa : « le petit frère de la mort ». Sauf qu'il m'est difficile de croire qu'un mort voie encore des créatures de rêve vêtues de blanc et des faisceaux de lumières dorées, bleues, roses… J'ai traversé le trou noir pour parvenir à ce monde d'une beauté que les mots ne peuvent pas traduire. La mort ne peut pas être cela, non, la mort ne peut pas être cela.

Quand je revins à moi, dans ce monde que j'avais quitté pour quelques instants, les pleurs avaient cessé, toutes les femmes, même ma mère, s'étaient regroupées dans un coin, composant un air grave à l'instar de celui des hommes qui égrenaient leur long chapelet.

Les beuglements des bœufs montaient, plaintifs, derrière la maison du défunt.

C'est alors que je vis cousin Oumar, celui qui, le matin, était allé nous dire la très mauvaise nouvelle. Il avait les yeux rouges de l'homme qui avait trop pleuré. Il vint près de moi. « Abou, fit-il, viens avec moi. Viens dire adieu à ton oncle avant qu'on ne le lave et l'apprête pour l'enterrement. Viens, mon petit, viens, la mort, c'est la meilleure amie de la vie. » Les paroles du cousin Oumar eurent sur moi un effet que je ne peux expliquer. Même aujourd'hui, je suis incapable de l'expliquer. Marcher vers le cadavre de mon oncle aurait dû être une épreuve terrible, mais je me sentis soudain heureux, plutôt heureux, curieusement heureux.

Nous entrâmes, cousin Oumar et moi, dans le salon de l'oncle Salami, richement meublé, avec des tapis persans sur le sol et contre les murs. Le parfum Trois fleurs d'Orient, le préféré de l'oncle, embaumait l'endroit. Dans le fauteuil où il se mettait confortablement d'habitude, j'avais l'impression de voir l'oncle, du moins le regard qu'il posait sur moi. « Le corps est dans la chambre, viens ! » La voix du cousin Oumar, oh, cette voix, mon Dieu, elle devenait… Je ne peux vous expliquer cela.

Il poussa la porte et entra dans la chambre. C'était mon premier rendez-vous avec un mort, le tout premier rendez-vous. « Il est derrière ce rideau, le rideau qui cache son lit. Je ressors, moi. Je te laisse avec ton oncle. Tu tireras le rideau et tu le verras couché dans son lit. N'aie pas peur, dis-lui tout ce que tu as envie de lui dire. N'aie pas peur. L'être qui, de ton vivant, t'a aimé, ne cesse de t'aimer même après sa mort. N'aie donc pas peur de lui, sinon tu l'offenseras. » Cousin Oumar ressortit de la chambre. Et c'est à ce moment, juste à ce moment que le poids de la mort m'habita à nouveau. Mes jambes se ramollirent. Je faillis tomber sur mon séant.

Mais je me ressaisis lorsque je me suis souvenu des paroles de mon père Salif :

« Il n'y a pas d'âge pour être un homme, puisqu'on naît homme. Et un homme ne doit pas trembler. Tu ne trembleras pas, Abou. »

Non, je ne vais pas trembler, ce n'est pas moi qui tremble, moi je suis un homme puisque je suis né homme. Mais mes mains, les mains vous savez, elles sont peut-être nées femmes, les mains ! Le cœur, lui, je ne sais pas s'il naît homme. Les mains, le cœur, je ne peux les contrôler, ça tremble, ça bat fort, sinon, oh, moi, je suis homme et je le reste jusqu'à ma mort, je ne tremble pas du tout, alors là, pas du tout !

Mes mains, les poltronnes, elles, elles ne veulent pas tirer le rideau. Si je les avais écoutées, j'aurais hurlé et couru dans le salon, j'aurais même fait une chose plus lâche sur moi. Mais heureusement, je n'avais pas oublié que j'étais né homme et condamné à le rester en toutes circonstances. C'est donc l'homme en moi qui tira de toutes ses forces le rideau. Pas de corps dans le lit. Vide, le lit de l'oncle.

Là, même l'homme en moi avait battu en retraite, oh, le vide fait plus peur que le cadavre, et les hommes ont beau dire ce qu'ils disent, ils ont peur du vide que laisse la mort. Je me mis à hurler, juste au moment où, de la cour, monta un chant d'une voix féminine, un chant mélodieux. Je courus dans le salon, puis dans la cour où, miracle, au milieu de la foule, je vis l'oncle Salami, dans un beau boubou de basin brodé, esquissant avec sa majesté habituelle un pas de danse.

Je ne peux vous décrire cela, les sentiments, tout, je ne peux pas vous le décrire. Tous ces bœufs, quarante au total, l'oncle les avait achetés pour une fête qu'il avait baptisée « Fête de la réconciliation ». Et c'est alors que j'appris que quand il avait quinze ans et ma mère dix, il avait volé un petit pot de leur mère, grand-mère à moi, contenant quelques secrets de la famille. Il avait cru y trouver de l'argent, mais comme le contenu lui avait semblé sans aucune importance, il s'en était débarrassé dans la rivière. Mais il fut le premier à accuser sa petite sœur Alima, ma mère, d'un ton si convaincant que la pauvre eut la plus sévère punition de sa vie.

« Depuis ce jour, j'ai porté ma culpabilité comme une montagne sur le cœur. Alima, tu ne m'en veux peut-être pas, mais en toi il y a sans doute une part qui m'en veut à ton insu. Mais je sais que tu me préfères vivant, parce que l'annonce de ma mort t'a fait souffrir. Je sais que tu préfères ton frère vivant. Maintenant, j'ai avoué ma faute, j'ai tout avoué. Je donne cette fête pour ma renaissance. Alima, ma petite sœur, c'est toi qui vas me remettre au monde, au nom de notre mère partie depuis des années. Alima, remets-moi au monde. »

Je les revois encore, oncle Salami et sa petite sœur, en larmes au milieu de tout ce monde, je les revois encore, nés le même jour sous nos yeux, je les revois encore plus jeunes que nous tous, et j'avais l'impression que c'étaient mes enfants, mes adorables enfants.

Tragédie africaine

L'intérieur de la nuit

Léonora Miano

De nos jours, dans un pays imaginaire d'Afrique noire. Après des études en Europe, Ayané rentre à Eku, son village natal. La colère gronde dans cette région qui vit hors du temps selon des traditions ancestrales. De furieux et sanguinaires « patriotes » venus du Nord ont mis Eku en quarantaine. Sous couvert d'une idéologie prônant le retour à une Afrique flamboyante et mythologique, les miliciens préparent une horrifiante cérémonie : pour Ayané, la nuit sera longue…

(Pocket n° 12971)

Voyage initiatique

En attendant le roi du monde
Olivier Maulin

À vingt-neuf ans, Romain est un garçon paisible, sans ambition ni amertume, qui vit de petits boulots en région parisienne. Il se laisse cependant convaincre par Ana, son amie d'origine portugaise, d'émigrer pour Lisbonne. Là-bas, Romain se lie d'amitié avec Lucien, un grutier français. Ce drôle de type se prétend chaman et vit son métier comme un sacerdoce. Romain lui doit d'ailleurs la révélation de sa propre vocation de grutier. Mais le comportement de Lucien devient de plus en plus étrange, jusqu'au jour où il disparaît. Romain va alors poursuivre seul l'étrange voyage intérieur dans lequel Lucien l'a engagé à son insu…

(Pocket n° 13163)

Achevé d'imprimer sur les presses de

BUSSIÈRE

GROUPE CPI

à Saint-Amand-Montrond (Cher)
en avril 2008

Composé par Nord Compo
à Villeneuve-d'Ascq

POCKET - 12, avenue d'Italie - 75627 Paris Cedex 13

— N° d'imp. 80665. —
Dépôt légal : mai 2008.

Imprimé en France